NOTICE-PRATIQUE

SUR LE SERVICE

DES BOUCHES A FEU

DE BATAILLE,

DE SIEGE, DE PLACE ET DE COTE.

DÉDIÉE

A LA COMPAGNIE D'ARTILLERIE

DE LA GARDE NATIONALE D'ARRAS

PAR A. P. LUEZ, AVOCAT,

Capitaine en second de cette Compagnie.

PRIX : 1 FRANC

A Arras,

Notice-Pratique

SUR LE SERVICE

DES BOUCHES A FEU

DE BATAILLE,

DE SIÉGE, DE PLACE ET DE COTE.

NOTICE-PRATIQUE

SUR LE SERVICE

DES BOUCHES A FEU

DE BATAILLE,

DE SIÉGE, DE PLACE ET DE COTE,

DÉDIÉE

A LA COMPAGNIE D'ARTILLERIE

DE LA GARDE NATIONALE D'ARRAS,

PAR A. P. LUEZ, AVOCAT,

Capitaine en second de cette Compagnie.

A Arras,

CHEZ TOPINO, LIBRAIRE, RUE ST.-AUBERT, N° 263.

OCTOBRE 1831.

Aux Canonniers de la Garde Nationale d'Arras,

MES CHERS CAMARADES,

LORSQUE, par vos honorables suffrages, vous m'avez confié, en partie, le soin de vous diriger dans les nouveaux services que la France régénérée réclame de votre patriotisme, j'ai senti que cette marque d'estime m'imposait à-la-fois le devoir de rendre mon zèle égal au vôtre, et de contribuer par tous mes moyens à multiplier dans vos rangs les connaissances spéciales qui constituent l'artilleur.

Mais notre agglomération dans la cité, moins compacte que dans un cadre d'artillerie de ligne, et traversée d'ailleurs par des devoirs nombreux de famille et d'industrie, ma bientôt fait comprendre que pour assurer l'effet des instructions pratiques sans augmenter leur fréquence, il fallait que la voix de l'instructeur, écoutée d'abord au champ de manœuvre, pût vous suivre en quelque sorte dans vos situations privées et se reproduire à vous, jusque dans vos momens de repos, sous une forme précise, économique et exempte surtout des incertitudes et des contradictions que renferment tous les traités d'artillerie.

Delà, première idée de la notice que je vous offre aujourd'hui.

Mais, au moment de la rédiger, la question des anciennes théories s'est présentée d'elle-même. Si, pendant vingt-cinq ans, la France a vu, avec douleur, anéantir ses institutions politiques, sous un autre rapport elle a rempli glorieusement sa destinée; mère des sciences et des arts, le despotisme n'a pu l'arrêter dans ses progrès, et au milieu de ses nombreuses découvertes, elle a vu naître un nouveau système d'artillerie, dont le succès n'est plus douteux, et dont la théorie, quoique confiée jusqu'à ce jour à la simple tradition des écoles, a cela de particulier qu'elle sanctionne en grande partie tout ce que les manœuvres de l'ancien système ont de bon et d'inévitable. Une autre considération devait de plus fixer le plan de mes recherches; c'est que, malgré les avantages du nouveau modèle, l'ancien matériel sera pendant long-tems encore l'armement des gardes nationales et des places fortes, et dès-lors, je n'ai plus eu qu'à recueillir dans les deux systèmes ce que la nature même des choses commande. A cet effet, j'ai consulté beaucoup d'ouvrages; je les ai comparés les uns aux autres avec une grande attention; j'ai toujours eu recours à l'épreuve de l'action pour reconnaître le meilleur emploi des forces, et j'ai la conviction de ne vous présenter que des principes certains, aussi propres à vous conduire à la meilleure manœuvre possible, qu'à vous mettre en état de suivre les nouveaux progrès que la science pourrait encore faire faire à l'arme.

Mais ce qu'il importait surtout au but de votre institution, c'était de ne vous offrir que ce qui vous est essentiellement utile, et même pour vous épargner des recherches de concordance et d'analyse qui laissent toujours après elles beaucoup d'incertitudes, il fallait encore vous l'offrir dans un cercle qui vous fît connaître d'un seul coup-d'œil la succession des manœuvres dans leur ordre le plus naturel. Sous ces deux rapports, je pense que cette notice doit répondre à tous vos besoins et que vous lui reconnaîtrez au moins le mérite d'une inovation avantageuse. Du reste, ne croyez pas quelle soit l'œuvre d'un tacticien, ni d'un théoriste; ne la considérez que comme une conférence toute fraternelle, qui renferme assez de science pour seconder votre courage, et si, par des événemens difficiles à prévoir, vous deviez vous livrer à des travaux plus compliqués, vous ne manqueriez pas de nouvelles instructions, et, à l'exemple de tous les enfans de votre patrie, rien ne vous serait impossible pour prouver aux ennemis de notre liberté que, quand la France choisit son Roi, elle sait le rendre, comme son territoire et ses institutions, inviolable pour tous.

Votre dévoué Camarade,

LUEZ.

Première Partie.

SERVICE

DES BOUCHES A FEU

DE BATAILLE.

TITRE PREMIER.

EVOLUTIONS D'ARTILLERIE.

§ 1. FORMER LES PELOTONS.

1. LES canonniers étant en bataille sur deux rangs, l'instructeur forme les pelotons du nombre d'hommes nécessaire au service de chaque bouche à feu.

2. Huit hommes suffisent au service d'une pièce de bataille; cinq pour la manœuvrer et trois pour l'approvisionner. Il faut ajouter à ce nombre un sous-officier chef de pièce, et un artificier chef de caisson.

3. Chaque peloton se divise en servans de droite et en servans de gauche. Le premier rang fournit les servans de gauche, et le deuxième rang les servans de droite; c'est-à-dire que la première file, en commençant par la droite, fournit les premiers servans; la deuxième file, les deuxièmes servans; la troisième file, le pointeur et le pointeur-servant; et la quatrième file, les troi-

sièmes servans. (1) Les deuxième et troisième servans de gauche étant chargés d'approvisionner la pièce, sont de plus nommés *pourvoyeurs*, et le troisième servant de droite étant chargé de veiller aux munitions, est nommé *garde-coffret*, Ainsi chaque peloton offre la composition suivante :

PREMIER RANG.	DEUXIÈME RANG.
1er servant de gauche.	1er servant de droite.
2e servant de gauche, *pourvoyeur*, Pointeur.	2e servant de droite, Pointeur-servant.
3e servant de gauche , *pourvoyeur*.	3e servant de droite, *garde-coffret*.

4. Lorsque le front de bataille est ainsi classé , les sous-officiers chefs de pièce se placent à la droite de leur peloton, et les artificiers derrière eux, à la droite du deuxième rang.

§ II. ALLER AU PARC PAR LE FLANC,

5. Dans cette position, l'instructeur peut indifféremment conduire les pelotons au parc d'artillerie , soit par le flanc, soit en colonne. Dans le premier cas, il commande :

1. *Par le flanc droit, ou (par le flanc gauche.)* (2)

2. *A droite* ou (*à gauche.*)

3. MARCHE.

Au 2e commandement. Chaque canonnier fait un *à droite* (ou un *à gauche*) et tous les pelotons se trouvent par le flanc.

---

(1) Aux pièces de 12 et aux obusiers on ajoute une cinquième file qui fournit les quatrièmes servans.

(2) Lorsque le détachement, marchant par le flanc ou en colonne, a sa gauche en tète, les mêmes évolutions se font en modifiant les commandemens sur cette direction, c'est pour cela que les commandemens d'avertissement sont alternatifs pour la droite ou pour la gauche. Il en sera de même pour les marches en colonne par pièce, en colonne par sections et en bataille.

Au 3ᵉ commandement. Les pelotons se dirigent, au pas accéléré, qui est toujours le pas de manœuvre, vers la droite ou la gauche du parc d'artillerie, parallèlement à la ligne de bataille.

§ III. ENTRER PAR LA DROITE, LA BATTERIE ÉTANT PARQUÉE EN RETRAITE.

6. Mais la batterie peut être parquée *en retraite* ou *en avant.* Si elle est parquée *en retraite* et qu'il faille entrer par la droite, l'instructeur, lorsque le détachement est à vingt pas du timon de la première pièce, commande :

1. *Pelotons à hauteur de vos pièces.*

2. *Sur la droite par file en bataille.*

3. MARCHE.

Au 3ᵉ commandement. Le chef de la première pièce, dès que son peloton est arrivé à la hauteur du timon de sa pièce, répète, *marche;* et son peloton se forme en bataille à quatre pas du timon. Les autres chefs de pièce ne répètent le même commandement, *marche,* qu'à mesure que leurs pelotons arrivent à la hauteur de leurs pièces respectives.

§ IV. ENTRER PAR LA GAUCHE, LA BATTERIE ÉTANT PARQUÉE EN RETRAITE.

7. Si, dans le cas où la batterie est parquée *en retraite,* il faut entrer par la gauche, l'instructeur, en arrivant à 20 pas du timon de la première pièce, commande :

Pelotons à hauteur de vos pièces.

A ce commandement, chaque chef de pièce, dès qu'il est arrivé avec son peloton à hauteur de sa pièce, commande :

Peloton. — HALTE.

Tous les pelotons étant arrivés à la hauteur de leurs pièces respectives, l'instructeur commande :

FRONT.

§ V. ENTRER PAR LA DROITE, LA BATTERIE ÉTANT PARQUÉE EN AVANT.

8. Si la batterie est parquée *en avant*, et qu'il faille entrer par *la droite*, l'instructeur, dès que la droite du détachement est à 20 pas du timon de la première pièce, commande :

 1. *Pelotons à hauteur de vos pièces.*
 2. *Par le flanc gauche.*
 3. MARCHE.

Au 3e *commandement*, qui n'a lieu que lorsque le premier peloton est à la hauteur du timon de sa pièce, le chef de pièce répète, *par le flanc gauche,* MARCHE, et arrête son peloton lorsqu'il est à 4 pas du timon.

Les autres chefs de pièce, continuant à marcher sans changer de direction, arrêtent successivement leurs pelotons par les commandemens, *par le flanc gauche*, MARCHE, HALTE.

§ VI. ENTRER PAR LA GAUCHE, LA BATTERIE ÉTANT PARQUÉE EN AVANT.

9. Si, la batterie étant encore parquée *en avant*, il faut entrer par *la gauche*, l'instructeur, dès que la gauche du détachement est à 20 pas de la dernière pièce, commande :

 1. *Pelotons à hauteur de vos pièces.*
 2. *Par le dernier peloton, sur la droite par file en bataille.*
 3. MARCHE.

Au 3e *commandement.* Le chef de pièce du dernier peloton, dès que son peloton est arrivé à hauteur du timon de la dernière pièce, répète, MARCHE, et son peloton se forme en bataille à quatre pas du timon.

Les autres chefs du pièce ne répètent le commandement MARCHE qu'à mesure que leurs pelotons arrivent à la hauteur de leurs pièces respectives.

§ VII. ALLER AU PARC EN COLONNE.

10. C'est ainsi que, marchant par le flanc, les pelotons viennent, de quatre manières différentes, se mettre en bataille devant la batterie. Mais, comme on l'a vu au n° 5, l'instructeur peut conduire les pelotons au parc d'artillerie en les formant en colonne ; dans ce cas, lorsque le front de bataille est divisé par pièce, comme au n° 4, l'instructeur commande :

1. *Garde à vous.*
2. *Pelotons à droite (ou à gauche.)*
5. MARCHE.
4. *En avant, guide à droite (ou à gauche.)*
5. MARCHE.

Au 2e commandement. Les sous-officiers chefs de pièce se portent devant le centre de leur peloton, et indiquent l'aile qui doit marcher.

Au 3e commandement. Ils dirigent le quart de conversion, arrêtent et alignent leurs pelotons à droite ou à gauche, selon la direction de la colonne.

Au 5e commendement. La colonne se dirige vers le parc d'artillerie, et parallèlement à la ligne de bataille.

§ VIII. ENTRER PAR LA DROITE, LA BATTERIE PARQUÉE EN RETRAITE.

11. Si la batterie est parquée *en retraite*, et qu'il faille entrer par la droite, l'instructeur, lorsque la colonne est à hauteur de la première pièce, commande :

1. *Par peloton à droite en bataille.*
2. MARCHE.

Les pelotons exécutent successivement ce commandement à la hauteur de leurs pièces respectives, chaque chef de pièce, lorsque son peloton est sur la ligne de bataille, à 4 pas des timons, commande, HALTE et aligne.

§ IX. ENTRER PAR LA GAUCHE, LA BATTERIE PARQUÉE EN RETRAITE.

12. Si la batterie est parquée *en retraite* et qu'il faille entrer par la gauche, la colonne se prolonge sur toute la ligne de bataille, à 4 pas en avant des timons, chaque chef de pièce arrête son peloton à hauteur de sa pièce, et l'instructeur commande :

1. *A gauche en bataille.*
2. MARCHE.

§ X. ENTRER PAR LA DROITE, LA BATTERIE PARQUÉE EN AVANT.

13. Lorsque la batterie est parquée *en avant*, s'il faut entrer par la droite, l'instructeur, dès que la colonne est arrivée à hauteur de la première pièce, commande :

Par peloton à gauche en bataille.

Les pelotons exécutent successivement ce commandement à hauteur de leurs pièces respectives, chaque chef de pièce, dès que son peloton est sur la ligne de bataille, à 4 pas des timons, commande, HALTE et aligne.

§ XI. ENTRER PAR LA GAUCHE, LA BATTERIE PARQUÉE EN AVANT.

14. Si, dans le même cas où la batterie est parquée *en avant* il faut entrer par la gauche, la colonne se prolonge sur toute la ligne de bataille, à 4 pas des timons, chaque chef de pièce arrête son peloton à hauteur de sa pièce, et l'instructeur commande :

A droite en bataille.
MARCHE.

15. C'est ainsi que marchant en colonne, les pelotons viennent de quatre manières différentes se mettre en bataille devant la batterie.

TITRE II.

MANŒUVRES DE BATTERIE.

§ 1er. ENTRÉE EN BATTERIE.

16. Lorsque le détachement est en bataille parallèlement à la ligne de batterie, l'instructeur, pour faire entrer en batterie, commande :

1. *Par le flanc droit.* — A DROITE.

2. *Par peloton, par file à gauche, à vos postes.*

3. MARCHE.

4. FRONT.

Au 1er commandement. Chaque chef de pièce se porte à 2 pas du bout du timon. Tous les pelotons font, *à droite*, la première file de chaque peloton déboîte du côté des pièces, les artificiers déboîtent en sens contraire.

Au 3e commandement. Les deux rangs se séparent et se portent vers chaque côté de la pièce, de manière que le premier rang soit à gauche, et le deuxième rang à droite, à 18 pouces en dehors de l'alignement des roues. Les artificiers se rendent à leurs caissons, s'y placent à gauche, et face à l'ennemi.

Les premiers servans s'arrêtent à hauteur de la bouche de la pièce.

Les deuxièmes servans à hauteur de l'essieu de l'affut.

Les pointeurs à hauteur du cintre de mire.

Les troisièmes servans à hauteur de l'essieu de l'avant-train. Aux pièces de 12, les quatrièmes servans se placent aux palonniers.

Au 4e commandement. Les canonniers font tous face à la pièce, excepté les troisièmes servans qui restent face à l'ennemi.

17. Les canonniers étant ainsi à leurs postes, l'instructeur commande :

L'arme à la grenadière, équipez-vous.

A ce commandement. Les canonniers ôtent leur baïonnette, allongent la bretelle de leur fusil, mettent leur arme en bandoulière sur l'épaule gauche, la crosse en bas et à droite.

Pendant ce tems, le pointeur prend les armemens sur le coffret, les distribue aux servans de droite, ensuite aux servans de gauche, en commençant par le premier servant de chaque file, chaque servant s'avance dans l'ordre marqué par sa position, reçoit ses armemens et rentre à son poste en s'équipant.

Ces armemens sont ainsi répartis :

Au 1ᵉʳ servant de droite, une bricole ;

Au 2ᵉ servant de droite, une bricole, un étui à lances pendant de droite à gauche, un boute-feu et un porte-lance.

Au 1ᵉʳ servant de gauche, une bricole.

Au 2ᵉ servant de gauche, une bricole, un sac à charges.

Au 3ᵉ servant de gauche, un sac à charges.

Le pointeur garde pour lui un sac à étoupilles en ceinturon, un dégorgeoir et un doiglier qu'il place au doigt du milieu de la main gauche.

§. 2. ALLER AU CHAMP DE MANŒUVRE.

18. La pièce, non atelée, étant sur l'avant-train, et tous les canonniers étant équipés et à leurs postes comme on vient de le voir, il y a pour arriver au champ de manœuvre deux manières de mouvoir la pièce, selon que la distance à parcourir est plus ou moins longue.

19. Si la distance est courte, l'instructeur commande :

    1. *En avant.*

    2. **MARCHE.**

Au 1ᵉʳ *commandement.* Les troisièmes servans se portent au bout du timon, lui font face, et le saisissent des deux mains placées alternativement, l'une en dessus, l'autre en dessous.

Les deuxièmes servans se portent aux roues de l'affut, saisissent un rais de chaque main, les ongles en dessus, laissant deux rais d'intervalle entre les mains.

Les premiers servans se placent à la volée, la main intérieure à l'anse, l'autre au bourelet.

Les pointeurs se portent aux roues de l'avant-train dans la même position que les deuxièmes servans.

Au 2e commandement. Tous font effort ensemble dans la direction de la bouche, et lorsque l'instructeur veut arrêter la pièce, il commande :

  1. HALTE.

  2. A VOS POSTES.

Au 1er commandement. Les canonniers s'arrêtent et gardent l'immobilité.

Au 2e commandement. Les canonniers retournent à leurs postes en tournant en dehors.

20. La même manœuvre sert à faire mouvoir la pièce en retraite, l'instructeur commande :

  1. *Soutenez en retraite.*

  2. MARCHE.

Au 1er commandement. Les canonniers prennent les mêmes positions que dans la manœuvre précédente.

Au 2e commandement. Tous font effort ensemble dans la direction du timon, et lorsque l'instructeur veut arrêter la pièce, il commande : HALTE, A VOS POSTES.

21. Mais si la distance à parcourir est longue, l'instructeur avertit d'accrocher les bricoles, et commande :

  1. *En avant.*

  2. MARCHE.

Au 1er commandement. Le pointeur, aidé du premier servant de gauche,

détache un levier, le porte au bout du timon, le place en croix, le petit
bout le premier dans les boucles que le pointeur servant forme avec les
chaînes d'attelage, en dessus du timon. Tous deux saisissent ce levier en dehors près du timon, la main externe en dessus, la main interne en
dessous.

Les troisièmes servans se portent à leurs secours en saisissant les extrémi-
tés de ce levier, une main en dessus, l'autre en dessous.

Les deuxièmes servans accrochent leurs bricoles aux flottes à crochet, le
servant de droite de la main gauche, celui de gauche de la main
droite.

Les premiers servans accrochent leurs bricoles aux crochets de retraite
de la même manière que les deuxièmes servans, et tout quatre se prolongent dans la direction de la bouche, en obliquant un peu en dehors. (1)

Au 2ᵉ commandement. Tout font effort ensemble dans la direction de la
bouche, et lorsque l'instructeur veut arrêter la pièce, il commande :

    1. HALTE.

    2. A VOS POSTES.

Au 1ᵉʳ commandement. Les canonniers s'arrêtent et gardent l'immobilité.

Au 2ᵉ commandement. Les canonniers, selon leurs fonctions, décrochent
leurs bricoles et remettent le levier à sa place, et reprennent leurs postes
respectifs en tournant en dehors.

22. Pour exécuter la même manœuvre en sens contraite l'instructeur, en
avertissant d'accrocher, commande :

    1. *Soutenez en retraite.*

    2. MARCHE.

---

(1) Aux pièces de 12, les quatrièmes servans doublent les premiers et marchent assez obliquement pour ne pas les heurter.

Au 1er *commandement*. Les pointeurs et les troisièmes servans disposent et saisissent le levier au bout du timon, comme dans la manœuvre précédente, mais en se plaçant en dedans, le dos tourné à la pièce.

Les deuxièmes servans accrochent leurs bricoles au doubles crochets.

Les premiers servans accrochent leurs bricoles aux flottes à crochet, et tous quatre se prolongent dans la direction du timon, en obliquant un peu en dehors.

Au 2e *commandement*. Tous font effort ensemble, et lorsque l'instructeur veut arrêter la pièce, il commande :

    1. HALTE.

    2. A VOS POSTES.

Au 1er *commandement*. Les canonniers s'arrêtent et gardent l'immobilité.

Au 2e *commandement*. Les canonniers, selon leurs fonctions, décrochent leurs bricoles et remettent le levier à sa place, et retournent à leurs postes en tournant en dehors.

§. 3. ÔTER L'AVANT-TRAIN.

23. La pièce étant au champ de manœuvre, l'instructeur commande :

    Otez l'avant-train.

A ce commandement, le troisième servant de droite se porte au bout du timon et le soulève des deux mains.

Le troisième servant de gauche se porte à la roue de l'avant-train, en saisit un rais de la main gauche, un autre de la main droite, les ongles en dessus, près des jantes, en laissant deux rais d'intervalle entre ses mains. (1)

Le deuxième servant de droite fiche en terre, derrière lui, le boute-feu et le porte-lance, et reçoit du deuxième servant de gauche un levier qu'il place par le petit bout dans les anneaux de manœuvre.

______

(1) Pour les pièces de gros calibre, les quatrièmes servans se portent aux palonniers.

Le deuxième servant de gauche détache, à l'aide du premier servant du même côté, deux leviers (1). Il en passe un, par le gros bout, au deuxième servant droite, et place l'autre par le petit bout dans les anneaux de manœuvre ; ces deux servans tirent ensuite à eux le levier dont le petit bout est de leur côté, saisissent les leviers des deux mains, l'une en dessous, l'autre en dessus, et soulèvent les crosses.

Les premiers servans se portent à la volée, se faisant face, saisissent, de leur main intérieure, l'anse de leur côté et appuyent la main extérieure sur le bourelet en engageant les doigts dans la bouche.

Le pointeur-servant décroche la chaîne d'embrelage, en saisissant le crochet de la main gauche et soutenant l'anneau de la main droite, dégage le crochet et le met sur le tirant de la volée et se place ensuite contre le flasque droit pour agir avec le pointeur qui se place également contre le flasque gauche, et retire la chevillette. Tous deux, saisissant les doubles crochets, font effort avec les autres servans pour soulever les crosses. (2)

Dès que la cheville ouvrière est sortie de la lunette, le pointeur commande, MARCHE. Alors les troisièmes servans (et les quatrièmes aux pièces de gros calibre), font avancer l'avant-train de quatre à cinq pas, en obliquant un peu à droite, de manière qu'après lui avoir fait faire un demi-tour à gauche, il se retrouve dans le prolongement de l'affut. (3)

---

(1) À la pièce de 4, il n'en détache qu'un seul, qu'il passe au deuxième servant de droite.

(2) Aux pièces du nouveau modèle, le pointeur et le pointeur-servant saisissent les poignées qui remplacent les doubles crochets.

(3) Si l'instructeur commande : *Otez l'avant-train, déployez la prolonge*, les troisièmes servans ne font pas faire demi-tour à l'avant-train, ils le conduisent dans sa position naturelle à quatre ou cinq pas des crosses et dans leur direction. Voyez au titre sixième, la manœuvre de la prolonge.

Les pointeurs posent les crosses à terre, enlèvent le coffret et le portent sur l'avant-train, l'ouverture en dehors.

Le deuxième servant de gauche, aidé du premier servant du même côté, détache les deux derniers leviers, en passe un par le petit bout au pointeur-servant qui l'engage dans les anneaux de pointage de droite; il passe l'autre au pointeur qui l'engage dans les anneaux de pointage de gauche. En cas d'empêchement, le deuxième servant de gauche place ce levier lui-même. (1)

Le premier servant de droite prend l'écouvillon à l'aide du deuxième de droite qui reprend ensuite le boute-feu et le porte-lance, et tous les canonniers prennent les positions suivantes :

Premier servant de droite. A hauteur de la bouche de la pièce, à 18 pouces en dehors de la roue (mesure prise de la poitrine), les bras pendant naturellement, l'écouvillon dans les deux mains, la brosse à gauche, la main droite vers le milieu de la hampe, la main gauche à 18 pouces de la droite, les ongles en dessus.

Premier servant de gauche. A hauteur de la bouche de la pièce, à 18 pouces en dehors de la roue (mesure prise de la poitrine), à la position du soldat sans armes.

Deuxième servant de droite. A hauteur du cintre de mire, sur l'alignement du premier servant, à la position du soldat sans armes, le bras gauche légèrement ployé, le porte-lance et le boute-feu appuyés sur l'avant-bras gauche, la main gauche les tenant à quatre pouces de leur extrémité, les ongles en dessus.

Deuxième servant de gauche. A hauteur du cintre de mire, sur l'alignement du premier servant, à la position du soldat sans armes.

---

(3) Aux pièces du nouveau modèle, il n'y a qu'un seul levier de pointage que le 2ᵉ servant de droite passe au pointeur-servant ou le place lui même.

Pointeur-servant. A hauteur du milieu des leviers de pointage, sur l'alignement du premier servant de droite, à la position du soldat sans armes.

Pointeur. A hauteur du milieu des leviers de pointage, sur l'alignement du premier servant de gauche, à la position du soldat sans armes.

Troisièmes servans. A hauteur de l'essieu de l'avant-train, face à l'ennemi, à la position du soldat sans armes et sur l'alignement de leur premier servant respectif.

§. 4. METTRE LA PIÈCE EN BATTERIE.

24. Dans cette position, si la pièce n'est pas bien en batterie ou s'il faut rectifier l'alignement, il y a deux manières de mouvoir la pièce pour l'avancer ou la reculer.

S'il faut avancer la pièce, l'instructeur commande :

    1. *A bras en avant.*

    2. MARCHE.

Au 1er commandement. Le premier servant de droite pose l'écouvillon sur son épaule droite, la brosse en bas, en faisant glisser la main droite le long de la hampe jusqu'à la position de la main gauche, le bras droit et les doigts allongés ; porte le pied gauche de côté à hauteur de l'essieu, fait un à droite et porte le pied droit à 18 pouces en arrière, tendant le jarret droit et ployant le gauche, saisit de la main gauche le rais le plus élevé, près de la jante.

Le premier servant de gauche fait un à droite, porte le pied gauche à hauteur de l'essieu, fait un demi à gauche et porte le pied droit à 18 pouces en arrière, tendant le jarret droit et ployant le gauche, saisit un rais de chaque main, les ongles en dessus, laissant deux rais d'intervalle entre les mains,

Le deuxième servant de droite prend le porte-lance et le boute-feu de la main droite, en les tenant inclinés vers la terre ; se porte du pied droit en arrière des leviers de manœuvre, en faisant un à droite et demi, tire de la main droite le levier dont le petit bout est de son côté et le saisit des deux mains, l'une en dessus, l'autre en dessous.

Le deuxième servant de gauche se porte du pied gauche en arrière des leviers de manœuvre, en faisant un à gauche et demi, tire de la main gauche le levier dont le petit bout est de son côté, et le saisit des deux mains, l'une en dessus, l'autre en dessous.

Le pointeur-servant se porte du pied droit sur le milieu du levier de pointage, porte le pied gauche au bout du levier en faisant un demi à droite, saisit le levier des deux mains et soulève les crosses.

Le pointeur se porte du pied gauche sur le milieu du levier de pointage, porte le pied droit au bout du levier en faisant un demi à gauche, saisit le levier des deux mains et soulève les crosses.

Au 2e *commandement.* Tous font effort ensemble et lorsque l'instructeur veut arrêter la pièce, il commande :

HALTE.

A ce commandement, les canonniers abandonnent la pièce et reprennent leurs postes avec vivacité.

25. S'il faut reculer la pièce, l'instructeur commande :

1. *A bras en arrière.*

2. MARCHE.

Au 1er *commandement.* Le premier servant de droite pose l'écouvillon sur son épaule gauche en relevant la hampe de la main droite, sans déplacer la main gauche, le bras gauche et les doigts allongés ; fait un demi à gauche, avance le pied gauche de 12 pouces, se fend ensuite du pied droit à 18 pouces, parallèlement à la roue, tendant le jarret gauche et ployant le droit, saisit de la main droite le rais le plus élevé, près de la jante.

Le premier servant de gauche fait un demi à droite, avance le pied gauche de 12 pouces, porte le pied droit à 18 pouces, parallèlement à la roue, tendant le jarret gauche et ployant le droit, saisit un rais de chaque main, près de la jante.

Le deuxième servant de droite se porte, du pied gauche, vers les leviers de manœuvre, tire de la main droite le levier dont le petit bout est de son côté, fait un demi à gauche en se fendant du pied droit, s'engage en avant des leviers de manœuvre, et les saisit des deux mains, l'une en dessus, l'autre en dessous.

Le deuxième servant de gauche, se porte du pied droit vers les leviers de manœuvre, tire de la main droite le levier dont le petit bout est de son côté, fait un demi à droite en se fendant du pied gauche, s'engage en avant des leviers de manœuvre, les saisit des deux mains, l'une en dessus, l'autre en dessous.

Le pointeur-servant fait un demi à gauche, se porte du pied droit à l'extrémité du levier de pointage, assemble du pied gauche, saisit le levier de la main droite et soulève les crosses.

Le pointeur fait un demi à droite, se porte du pied gauche à l'extrémité du levier de pointage, assemble du pied droit, saisit le levier de la main gauche et soulève les crosses.

Les troisièmes servans se portent, celui de gauche à la roue de l'avant-train, celui de droite au bout du timon, pour faire suivre à l'avant-train le mouvement de la pièce.

Au 2ᵉ commandement. Tous font effort ensemble, et lorsque l'instructeur veut arrêter la pièce, il commande :

HALTE.

A ce commandement, les canonniers abandonnent la pièce et reprennent leurs postes avec vivacité.

TITRE III.

ECOLE DU CANON.

NOTIONS PRÉLIMINAIRES.

Les bouches à feu de bataille sont ordinairement des pièces légères du calibre de 12, de 8 et de 4. Elles prennent cette dénomination du poids de leurs boulets qui pèsent 12, 8 et 4 livres. La longueur de ces pièces est de 18 fois leur calibre, non compris le cul de lampe et le bouton de culasse. Elles pèsent autant de fois 150 livres que leurs boulets pèsent de livres.

La charge nécessaire pour tirer à boulets est de quatre livres de poudre pour les pièces de 12, de deux livres et demie pour les pièces de 8, et d'une livre et demie pour les pièces de 4. Pour tirer à balles on ajoute à la charge le quart d'une livre de poudre.

La plus grande distance que les boulets puissent parcourir est de 500 toises avec les pièces de 12 et de 8, de 450 toises avec les pièces de 4. Les grosses balles ne vont pas au-delà de 350 toises et les petites de 500.

La cartouche à boulet est composée de trois parties : 1° le sachet contenant la poudre; 2° le boulet ; 3° le sabot.

La charge à balles est composée de deux parties : 1° le sachet renfermant la poudre ; 2° la boîte de fer-blanc remplie de balles. La boîte a aussi un culot et une anse du côté opposé. Il y a deux espèces de boîtes à balles, les unes en contiennent 41 grosses rangées par couches de 7, dont une au centre. Les autres en contiennent 112 petites, par couches de 14, dont quatre au centre.

§. I. CHARGE A VOLONTÉ.

28. Après toutes les manœuvres qui précèdent, et lorsque la pièce est bien en batterie, l'instructeur commande :

Commencez le feu. (1)

Aussitôt chaque sous-officier chef de pièce, placé entre l'extrémité des leviers de pointage et l'avant-train, commande :

---

(1) DÉTAIL DE CHAQUE FONCTION

POUR L'ÉCOLE DU CANON ET LA CHARGE EN QUATRE TEMS.

1er SERVANT DE GAUCHE.	1er SERVANT DE DROITE.
EN ACTION.	EN ACTION.
Rester immobile.	Rester immobile.
CHARGEZ.	CHARGEZ.
1 *tems.* 5 *mouvemens.*	1 *tems,* 5 *mouvemens.*

1er *mouvement.* Porter le pied droit à hauteur de l'astragale, à distance égale de la pièce et de la roue. Assembler du pied gauche.

2e *mouvement.* Écarter le pied gauche à 24 pouces du droit, les pieds également tournés en dehors sur une ligne parallèle à la direction de la pièce, saisir la hampe avec la main gauche, les ongles en dessus, près de la main du premier servant de droite et du côté du refouloir, poser la main droite sur la cuisse.

3e *mouvement.* S'assurer d'un coup-d'œil que la lumière est bouchée, ai-

1er *mouvement.* Élever l'écouvillon en tendant le bras droit dans la direction des épaules, laisser glisser la hampe dans la main gauche jusqu'à la virole de la brosse, ployer le bras gauche, le coude au corps pour rapprocher la brosse de l'épaule gauche, porter le pied gauche à hauteur de l'astragale, à distance égale de la pièce et de la roue, assembler du pied droit.

2e *mouvement* Écarter le pied droit à 24 pouces du gauche, en tendant le jarret gauche et ployant le droit. (2) Les pieds également tournés en dehors, sur une ligne parallèle à la

---

(2) Dans le maniement de l'écouvillon, les premiers servans doivent toujours ployer le jarret du côté où le corps se porte, et tendre l'autre jarret. Cette règle est générale et indiquée ici une fois pour toute.

En action.

A ce commandement. Le deuxième servant de droite plante en terre, derrière lui, le boute-feu, se relève et garnit le porte-lance.

---

der le premier servant de droite à enfoncer l'écouvillon.

4e *mouvement.* Laisser glisser la main gauche le long de la hampe, la saisir près de la virole du refouloir.

5e *mouvement.* Aider le premier servant de droite à enfoncer entièrement l'écouvillon, placer la main droite sur la hampe, les ongles en dessous, entre les mains du premier servant de droite.

Ecouvillonnez.

1 *tems,* 8 *mouvemens.*

1er *mouvement.* Tendre les jarets sans déranger les pieds, fixer toujours la lumière, tourner l'écouvillon trois fois de dessus en dessous et trois fois en sens contraire sans détacher la brosse du fond de l'âme, replacer la main droite sur la cuisse.

2e *mouvement.* Aider le premier

direction de la pièce, présenter la brosse à la bouche sans la toucher, la hampe dans le prolongement de l'âme, le corps d'aplomb sur les hanches, les épaules effacées.

3e *mouvement.* S'assurer d'un coup-d'œil que la lumière et bouchée, engager l'écouvillon dans l'âme et l'introduire jusqu'à la main droite, laisser tomber la main gauche sur la cuisse.

4e *mouvement.* Glisser la main droite le long de la hampe, à 6 pouces de la virole du refouloir.

5e *Mouvement.* Pousser l'écouvillon jusqu'au fond de l'âme, rapporter la main gauche sur la hampe, les ongles en dessous, à 6 pouces de la main droite, les yeux fixés sur la lumière.

Ecouvillonnez.

1 *tems,* 8 *mouvemons.*

1er *mouvement.* Tendre les jarrets sans déranger les pieds, fixer toujours la lumière, tourner l'écouvillon trois fois de dessus en dessous et trois fois en sens contraire, sans détacher la brosse du fond de l'âme, replacer la main gauche sur la cuisse.

2e *mouvement.* Retirer l'écouvil-

Le deuxième servant de gauche va recevoir les munitions du troisième servant de droite, et revient au pas de course, se placer derrière le premier servant de gauche.

---

servant de droite à retirer l'écouvillon à moitié, le bras gauche allongé.

3e *mouvement*. Glisser la main gauche le long de la hampe, et la saisir vers le milieu au-dessus de la main du premier servant de droite.

4e *mouvement*. Aider le premier servant de droite à retirer entièrement l'écouvillon, le bras gauche allongé.

5e *mouvement*. Abandonner l'écouvillon, se tourner vers la droite sans déranger les pieds, recevoir la charge du deuxième servant de gauche, le boulet de la main gauche, le sachet de la main droite, les ongles en-dessus. Introduire la charge dans l'âme, (1) saisir la hampe de la main gauche, les ongles en-dessus, près de la main du premier servant de droite, du côté de la brosse, laisser tomber la main droite sur la cuisse.

6e *mouvement*. Aider le premier servant droite à pousser la charge à moitié.

7e *mouvement*. Glisser la main gau-

lon à moitié, le bras droit allongé.

3e *mouvement*. Glisser la main droite le long de la hampe, la saisir vers le milieu.

4e *mouvement*. Retirer entièrement l'écouvillon, le bras droit allongé.

5e *mouvement*. Toucher la hampe de la main gauche pour faire mouliner l'écouvillon dans la main droite, entre la pièce et le corps, le bras droit légèrement tendu. Lorsque l'écouvillon est retourné, le saisir de la main gauche à six pouces de la virole du refouloir, les ongles en dessus et présenter le refouloir à la bouche de la pièce, les yeux toujours fixés sur la lumière. (2)

6e *mouvement*. Engager le refouloir dans l'âme jusqu'à moitié, laissant tomber la main gauche sur la cuisse.

7e *mouvement*. Glisser la main droite le long de la hampe, à six pouces de la virole de la brosse.

8e *mouvement*. Enfoncer la charge

---

(1) Si l'on charge à balles, recevoir d'abord le sachet, l'introduire dans l'âme, le culot le premier, la charge ne doit être enfoncée avec le refouloir que lorsque les deux parties qui la composent sont réunies dans l'âme.

(2) Si la lumière n'était pas bouchée, le premier servant de droite abandonnerait l'écouvillon en criant : BOUCHEZ LA LUMIÈRE!

x. Le pointeur-servant se porte aux leviers de pointage, place la pièce dans la la direction du but, et restant dans cette position, il commande :

CHARGEZ.

che le long de la hampe, la saisir près de la virole de la brosse.

8e *Mouvement*. Aider le premier servant de droite à enfoncer entièrement la charge.

REFOULEZ.

1 *tems*, 8 *mouvemens*.

1er *mouvement*. Aider le premier servant de droite à retirer le refouloir à moitié.

2e *mouvement*. Refouler un coup avec force.

3e *mouvement*. Aider le premier servant de droite à retirer le refouloir à moitié.

4e *mouvement*. Glisser la main gauche le long de la hampe, la saisir vers le milieu au-dessus de la main du premier servant de droite.

5e *mouvement*. Aider le premier servant de droite à retirer entièrement le refouloir.

6e *mouvement*. Abandonner l'écouvillon, se relever sur la jambe droite, assembler du pied gauche.

7e *mouvement*. Faire en arrière un grand pas du pied gauche, pour le remettre à sa première position, assembler du pied droit.

8e *mouvement*. Se fendre vivement

avec force jusqu'au fond de l'âme, toujours veillant à la lumière.

REFOULEZ.

1 *tems*, 8 *mouvemens*.

1er *mouvement*. Retirer le refouloir à moitié, le bras droit allongé.

2e *mouvement*. Refouler un coup avec force.

3e *mouvement*. Retirer le refouloir à moitié, le bras droit allongé.

4e *mouvement*. Glisser la main droite le long de la hampe, et la saisir vers le milieu.

5e *mouvement*. Retirer entièrement le refouloir.

6e *mouvement*. Se relever sur la jambe gauche, assembler du pied droit, faire tourner l'écouvillon jusqu'à ce que le refouloir soit en bas, la hampe verticale, le poignet vis-à-vis le milieu du corps.

7e *mouvement*. Faire en arrière un grand pas du pied droit pour le remettre à sa première position, assembler du pied gauche, achever de tourner l'écouvillon, recevoir la hampe dans la main gauche, les ongles

Le pointeur se porte aussitôt à la culasse, bouche la lumière de la main gauche, saisit la vis de pointage de la main droite et dispose la pièce commodement.

---

de la jambe droite, à 24 pouces vers la fusée de l'essieu, ployant le jarret droit et tendant le gauche les yeux fixés sur la bouche de la pièce, les pieds tournés en dehors, le droit un peu plus que le gauche, les talons sur une ligne parallèle à la direction de la pièce, le corps d'aplomb sur les hanches.

Après l'explosion, se relever sur la jambe gauche, assembler du pied droit.

en dessus, retourner vivement la main droite les ongles en dessus.

8ᵉ *mouvement*. Se fendre vivement de la jambe gauche à 24 pouces vers la fusée de l'essieu, ployant le jarret gauche et tendant le droit, les yeux fixés sur la bouche de la pièce, les pieds tournés en dehors, le gauche un peu plus que le droit, les talons sur une ligne parallèle à la direction de la pièce, le corps d'aplomb sur les hanches.

Après l'explosion, se relever sur la jambe droite, assembler du pied gauche.

NOTA. Tremper la brosse de l'écouvillon dans le seau, mais le plus rarement possible, et seulement lorsque la pièce a atteint un grand degré de chaleur.

2ᵉ SERVANT DE GAUCHE.

EN ACTION.

Faire un à droite sur le talon gauche, partir du pied droit pour se porter au pas de course auprès du troisième servant de gauche, ou au dépôt des munitions. Y approvisionner son sac.

2ᵉ SERVANT DE DROITE.

EN ACTION.

Faire un demi à gauche sur le talon gauche, saisir de la main droite le boute-feu près de la mèche, se fendre de la jambe gauche à 24 pouces, planter le boute-feu en arrière et à gauche (1), se relever sur la jambe

---

(1) Si le terrain ne permet pas de planter le boute-feu, on le pose à terre la mèche en dessus.

Les premiers servans se portent à la pièce, écouvillonnent et retirent l'écouvillon. Le premier servant de droite le retourne, en le faisant mouliner, pendant ce mouvement, le premier servant de gauche

---

Nota. Cet approvisionnement est de quatre ou cinq charges pour la pièce de 4, trois pour la pièce de 8, deux pour la pièce de 12.

Chargez.

Revenir à la pièce au pas de course, se placer à un pas en arrière de la droite du premier servant de gauche.

Nota. Dans les feux vifs, le troisième servant de gauche alterne avec le deuxième pour les mêmes fonctions, lorsqu'ils se rencontrent, ils se croisent toujours à gauche.

Écouvillonnez.

1 tems, 2 mouvemens.

1er mouvement. Prendre une charge des deux mains, le boulet dans la main gauche, le sachet dans la main droite, les ongles en dessus.

droite et faire face à la pièce.

Chargez.

1 tems, 2 mouvemens

1er mouvement. Se fendre de la jambe droite jusqu'à hauteur de la roue, saisir de la main droite les leviers de manœuvre, et les tirer jusqu'à ce qu'ils arrasent le flasque gauche, pour faciliter le passage au pointeur. Prendre ensuite le seau de la main droite, les trois derniers doigts sous l'anse, l'anneau entre l'index et le pouce.

2e mouvement. Enlever le seau en se relevant sur la jambe gauche, se fendre de la jambe droite à 24 pouces vers la fusée de l'essieu, accrocher le seau à la flotte à crochet, se relever sur la jambe gauche, assembler du pied droit.

Écouvillonnez.

Faire un demi à gauche, ouvrir l'étui à lance de la main droite ; prendre une lance de la même main, l'avant bras gauche maintenant l'étui, reçoit la charge, l'introduit dans l'âme, et aide le premier servant de droite à refouler, puis tous deux reprennent leur poste en se fendant à 24 pouces vers la fusée de l'essieu.

2ᶜ *mouvement*. Remettre la charge au premier servant de gauche, faire un à droite, se fendre du pied droit et se placer par un demi à gauche, devant l'essieu, à un pas de la fusée.

Nota. Lorsque l'on charge à balles le deuxième servant tient le sachet dans la main droite et la boîte à balles dans la main gauche, il présente d'abord le sachet et la boîte après.

Refoulez.

Rester immobile.

Nota. Dès que le sac à charges est vide, retourner au dépôt des munitions.

fermer l'étui, fixer la lance dans la douille latérale du porte-lance en la faisant entrer par dessus. Saisir le porte lance de la main droite, les ongles en dessous, vers l'extrémité du manche, retourner la main gauche pour la placer sur le porte-lance, à six pouces de la main droite, les ongles en dessus, tenir le porte-lance incliné de droite à gauche, la lance près de la terre.

Refoulez.

1 *tems*, 2 *mouvemens*.

1ᵉʳ *mouvement*. Dès que le pointeur a quitté le cintre de mire, se fendre de la jambe droite, appuyer la paume de la main gauche sur les bouts des léviers pour qu'ils dépassent également les deux flasques, se relever sur la jambe gauche, assembler du pied droit.

2ᵉ *mouvement*. Au signal du pointeur, conduire la lance à la lumière sans secousse, en rasant la terre, le bras droit tendu et élevé, les ongles en dessus. Dès que l'étoupille a pris feu, retirer la lance vivement en ramenant la main gauche à sa position précédente, la lance rasant la terre.

Le deuxième servant de gauche ayant remis la charge , se place à un pas de l'essieu

Le pointeur cesse de boucher la lumière et pointe la pièce en donnant de

POINTEUR.	POINTEUR-SERVANT.
EN ACTION.	EN ACTION.
Rester immobile.	1 *tems* , 2 *mouvemens*.
	1ᵉʳ *mouvement*. Faire un demi à gauche, sur le talon gauche, porter le pied droit à hauteur du bout du levier de pointage, assembler du pied gauche.
	2ᵉ *mouvement*. Faire un à droite et demi sur la pointe du pied droit, porter le pied gauche à 16 pouces et à hauteur du bout du levier de pointage de gauche, saisir les leviers de pointage, les ongles en dessus, ployant les jarrets, appuyant les coudes au-dessus des genoux, faire effort pour placer la pièce dans la direction du but et commander : CHARGEZ.
CHARGEZ.	CHARGEZ.
1 *tems*, 2 *mouvemens*.	Conserver la même position.
1ᵉʳ *mouvement*. Faire un demi à gauche sur le talon gauche, poser le pied gauche parallèlement aux flasques, à six pouces en face des doubles crochets, poser le pied droit à égale distance, dans la même direction.	
2ᵉ *mouvement*. Porter le pied gau-	

la main droite les indications nécessaires, il dégorge de la main droite, place l'étoupille de la main gauche en ayant soin de rabattre la cravatte sur le côté droit de la pièce. Le pointeur-servant se retire à son poste.

---

che à hauteur du cintre de mire, se baisser en ployant le jarret gauche et tendant le droit, boucher fortement la lumière avec le doigtier, avant que l'écouvillon ne soit introduit dans l'âme, le pouce derrière la plate bande de culasse. Saisir de la main droite l'une des branches de la vis de pointage, hausser ou baisser la volée pour placer la pièce commodément.

ECOUVILLONNEZ.

Continuer à boucher soigneusement la lumière, quitter la vis de pointage, rectifier la direction de la pièce, en indiquant le mouvement à donner aux crosses, par de petits coups du dos de la main droite sur le flasque droit, et de la paume de la main sur le flasque gauche.

REFOULEZ.

1 *tems*, 3 *mouvemens.*

1er *mouvement.* Reporter la main droite à la vis de pointage pour donner la hauteur et pointer (1), dès que

ECOUVILLONNEZ.

Etre attentif aux indications du pointeur, et porter les crosses du côté où sa main se porte aux flasques.

REFOULEZ.

1 *tems*, 2 *mouvemens.*

1er *mouvement.* Dès que le pointeur quitte le cintre de mire, abandonner les leviers de pointage, se

---

(1) S'il faut se servir de la hausse, c'est la main gauche qui la dirige.

Le pointeur, après avoir amorcé revient aussi à son poste, pose la main gauche sur le sac à étoupille, étend le bras droit pour faire mettre le feu. A ce signal, le deuxième servant de droite dirige la lance vers

la pièce est chargée, se relever sur la jambe gauche en assemblant du pied droit.

2ᵉ *mouvement.* Saisir le dégorgeoir de la main droite, le pouce sur la tête du manche, cesser de boucher la lumière, prendre une étoupille de la main gauche, dégorger et placer l'étoupille dans la lumière, en rabattant la cravatte sur le côté droit de la pièce, s'assurer d'un coup d'œil que tous les servans sont à leurs postes.

3ᵉ *mouvement.* Faire un *à droite et demi* sur le talon gauche, se retirer par trois pas égaux à hauteur du milieu des leviers de pointage et à 18 pouces en dehors de l'alignement des roues, faire un *à gauche et demi* pour se retrouver face aux leviers, replacer le dégorgeoir dans le sac à étoupille, poser la main gauche sur ce sac, étendre le bras pour donner le signal du feu.

relever sur la jambe droite, en assemblant du pied gauche.

2ᵉ *mouvement.* Faire un *demi à droite*, sur le talon droit, porter le pied gauche à hauteur du milieu des leviers de pointage, à 18 pouces en dehors de l'alignement des roues, faire un *à gauche et demi* sur la pointe du pied droit, pour se retrouver face aux leviers.

OBSERVATION. — Ici devait suivre l'école de l'obusier de 6 pouces vulgairement nommé de 24, mais, d'après le nouveau système, cette bouche à feu étant allongée presque autant qu'une pièce de 8, il en résulte que sa manœuvre est à-peu-près la même que celle des bouches à feu de bataille, il n'y a de différence que dans la manière de placer la charge dans la chambre et dans le commandement *refoulez* qui se divise, pour cette raison, la lumière, enflamme la cravatte de l'étoupille et retire vivement la lance.

NOTA. Pendant le feu, l'instructeur, pour rémédier à l'effet du recul, emploie la manœuvre de *à bras en avant*. Il consacre le tems des repos à faire connaître aux canonniers toutes les parties en fer et en bois qui composent la bouche à feu. Il doit même faire précéder chaque manœuvre de la partie de cette nomenclature qui concerne le détail de chaque position.

29. L'instructeur voulant faire cesser le feu, commande :

CESSEZ LE FEU.

A ce commandement. Le deuxième servant de droite fait un *à gauche*, se fend de la jambe gauche à 24 pouces, passe le porte-lance dans la main gauche, coupe avec son sabre la lance près de la flamme posée contre terre.

---

en 14 mouvemens qui tous ont un grand rapport avec la manœuvre du canon, en effet.

Après avoir poussé la charge avec précaution, de manière qu'elle ne tourne pas dans l'âme et qu'elle se place bien dans la chambre. (6e et 8e mouvemens du commandement *écouvillonnez*.)

Refoulez.

1er *mouvement.* Presser la charge.
2e *mouvement.* Comme au canon. (3e mouvement de *refoulez*.)
3e *mouvement.* Comme au canon. (4e mouvement de *refoulez*.)
4e *mouvement.* Comme au canon (5e mouvement de *refoulez*.)
5e *mouvement* L'obus étant placé à l'entrée de l'âme, coiffer la fusée avec le godet du refouloir.
6e *mouvement* Enfoncer l'obus à moitié.
7e *mouvement.* Comme au canon. (7e mouvement *d'écouvillonnez*.)
8e *mouvement.* Pousser l'obus avec précaution jusque sur la charge.
Les six derniers mouvemens comme au canon, (les six derniers de *refoulez*.)

— 55 —

Reprend le boute-feu dans la main gauche, se relève sur la jambe droite en assemblant du pied gauche, appuye le porte-lance et le boute-feu sur l'avant bras gauche, et par un *à droite* fait face à la pièce, puis se porte du pied droit à 24 pouces vers l'essieu, prend le seau, se relève sur la jambe gauche, porte le pied droit à hauteur de la roue, replace le seau à son crochet, se relève sur la jambe gauche et reprend la position *à vos postes.*

Le deuxième servant de gauche se porte par un pas du pied droit à hauteur du cintre de mire et reprend la position *à vos postes.*

Le pointeur et le pointeur-servant restent immobiles.

§ 11. CHANGER DE POSTES.

30. Si l'instructeur veut faire passer successivement tous les canonniers à chaque position, il commande :

 1. *Préparez-vous à changer de postes.*

 2. *Par le flanc droit* (ou *par le flanc gauche*), à DROITE *ou à* GAUCHE.

 3. MARCHE.

 4. FRONT.

Au 1ᵉʳ commandement. Le 1ᵉʳ servant de droite pose l'écouvillon sur le moyeu de la roue, la brosse en haut et sa bricole sur la flèche d'affut.

Le 1ᵉʳ servant de gauche pose sa bricole sur la flèche d'affut.

Le 2ᵉ servant de droite fiche en terre, derrière lui, le porte-lance et le boute-feu, accroche l'étui à lance au bouton de culasse, et pose sa bricole sur la flèche d'affut.

Le 2ᵉ servant de gauche pose son sac à charges et sa bricole sur la flèche d'affut.

Le pointeur pose le doigtier, le sac à étoupilles sur la flèche d'affut, près de la vis de pointage.

Le 3ᵉ servant de gauche pose son sac à charges sur le coffret.

Au 2ᵉ *commandement.* Tous les canonniers font *à droite* (ou *à gauche*), à l'exception des troisièmes servans, dont l'un ne bouge et l'autre fait demi-tour à droite.

Au 3ᵉ *commandement.* Tous lés canonniers partent du pied gauche, et s'arrêtent d'eux-mêmes à la hauteur des postes qu'ils doivent occuper.

Au 4ᵉ *commandement.* Tous font face à la pièce, et viennent recevoir du pointeur leurs armemeṇs respectifs.

Noᴛᴀ. Si l'instructeur veut faire changer de plusieurs postes, il l'indique dans son premier commandement, en disant : *Préparez-vous à changer de deux, trois, etc., postes.*

§ III. REMPLACEMENT DES CANONNIERS MANQUANS.

31. Pour suppléer aux hommes qui peuvent manquer dans le service de la pièce, on employe d'abord les servans qui ne sont pas indispensables à l'approvisionnement, et lorsqu'il ne reste que six hommes, on suit l'ordre que voici :

Le premier homme manquant est remplacé par le deuxième servant de droite, et celui-ci est suppléé par le pointeur-servant qui saisit le porte-lance dès que la pièce est pointée, met le feu, fiche le porte-lance en terre et retourne à son poste.

Le deuxième homme manquant est remplacé par le premier servant de gauche, et celui-ci est suppléé par le deuxième servant de gauche qui continue d'approvisionner la pièce.

Le troisième homme manquant est remplacé par le pointeur-servant. Le pointeur dirige la pièce, se porte ensuite à la lumière, en commandant : Cʜᴀʀɢᴇᴢ. Le premier servant de droite, après avoir chargé la pièce, porte l'écouvillon à l'épaule gauche, saisi le porte-lance et met le feu.

Si toute la file de droite manque, le premier servant de gauche remplace le premier servant de droite, et met le feu. Le deuxième servant de gauche remplit les fonctions du premier servant de gauche et continue d'approvisionner. Le pointeur ajoute à ses fonctions celles du pointeur-servant.

Si toute la file de gauche manque, le deuxième servant de droite passe à gauche de la pièce et remplit les fonctions de premier et de deuxième servant de gauche. Le pointeur-servant ajoute à ses fonctions celles du pointeur.

Pour simuler ces absences et enseigner aux canonniers à se remplacer dans l'ordre prescrit, l'instructeur commande :

Pointeur, ou tel servant, ou telle file, manquez.

Les canonniers désignés cessent leurs fonctions, déposent leurs armemens à terre et se retirent à trois pas en arrière.

§ IV. EN PARADE.

32. L'instructeur, voulant disposer les canonniers pour rendre les honneurs ou pour passer l'inspection, commande :

    1. *En parade.*

    2. A VOS POSTES.

Au 1er commandement. Les canonniers de la pièce font face à l'ennemi. Le premier servant de droite porte l'écouvillon sur l'épaule droite comme dans la manœuvre, *à bras en avant.*

Au 2e commandement. Tous reprennent leurs postes.

§ V. REMETTRE L'AVANT-TRAIN.

33. L'instructeur voulant faire remettre la pièce sur l'avant-train, commande :

Amenez l'avant-train.

A ce commandement. Le premier servant de droite, aidé du deuxième, remet l'écouvillon à sa place.

Le pointeur et le pointeur-servant, ôtent les leviers de pointage et les passent par le gros bout au deuxième de gauche qui les replace à l'aide du premier dans l'anneau porte-leviers.

Le troisième de droite saisit le bout du timon et amène l'avant-train à l'aide du troisième de gauche qui fait effort à la roue, en obliquant à droite pour faire faire à l'avant-train *un demi tour à gauche.* Le bout du timon rasant les crosses.

Le pointeur et le pointeur-servant enlèvent le coffret, le portent dans le délardement des flasques, saisissent les doubles crochets, soulèvent les crosses à l'aide des premiers servans qui pèsent sur le bourelet, et des deuxièmes qui agissent aux leviers de manœuvre.

Les troisièmes servans font reculer l'avant-train jusqu'à ce que la cheville ouvrière se trouve sous la lunette, le troisième de droite lève le timon de manière que la cheville passe dans l'entretoise de lunette.

Le pointeur-servant accroche de suite la chaîne d'embrelage en saisissant le crochet de la main gauche et l'anneau de la main droite, et engage le petit crochet dans le crochet fendu.

Le troisième servant de droite baisse le timon.

Les deuxièmes servans retirent les leviers de manœuvre que celui de gauche replace, à l'aide du premier de son côté, dans l'anneau porte-leviers.

Tous les canonniers reprennent leur position, *à vos postes.*

§ VI. RETOURNER AU PARC.

34. L'instructeur, voulant faire reconduire la pièce au parc, emploie l'une des manœuvres indiquées aux numéros 18, 19, 20, 21 et 22, et lorsque la pièce est au parc, il commande :

Déséquipez-vous.

A ce commandement. Les canonniers quittent leurs armemens et les passent au pointeur dans le même ordre qu'ils les ont reçus. Les pointeur en forme un paquet qu'il dépose sur le coffret.

35. Après ce mouvement, l'instructeur commande :

     1. *Hors de batterie.*

     2. MARCHE.

Au 1ᵉʳ commandement. La file de droite fait *par le flanc gauche*, la file de gauche, *par le flanc droit.*

Au 2ᵉ commandement. Les canonniers partent du pied gauche et après avoir dépassé le timon, les files se réunissent, et chaque chef de pièce commande : *Par file à droite*, MARCHE, FRONT, de manière que chaque peloton se retrouve comme avant d'entrer en batterie.

36. Pour ramener le détachement par le flanc ou en colonne au lieu du rassemblement, l'instructeur commande les mêmes évolutions que pour venir au parc.

TITRE IV.

EVOLUTIONS DE BATTERIE.

§ 1. DÉBARQUER EN COLONNE PAR PIÈCE.

37. Une batterie de bataille se compose de six bouches à feu, de six caissons, d'une forge et d'un charriot de batterie. (1) Elle se divise en trois sections de deux bouches à feu et de deux caissons.

---

(1) Non compris les voitures de transport et d'équipage.

38. La section *de droite* est commandée par le lieutenant en premier; la section *de gauche* par le lieutenant en second, la section *du centre* par l'adjudant de batterie (1). Le capitaine en premier dirige toute la batterie; le maréchal-des-logis chef surveille la ligne des caissons; six maréchaux-des-logis sont chefs de pièces, six brigadiers ou artificiers sont chefs de caissons.

39. Lorsque l'on manœuvre par demi-batterie, le chef de la section *du centre* marche toujours avec la section *de droite*, et le capitaine en premier reste toujours avec la batterie qui fait feu.

40. Pour déparquer, et lorsque les canonniers sont en batterie conformément aux règles exposées ci-dessus, numéros 17 et 18, (2) le capitaine commande :

 1. *Garde à vous.*

 2. *Par la pièce de droite.* — EN COLONNE.

 3. MARCHE.

Au 2ᵉ commandement. Les pelotons se disposent, comme au Nᵒ 21, pour faire mouvoir la pièce.

Au 3ᵉ commandement. Le sous-officier, chef de la pièce de droite, répète MARCHE. Aussitôt cette pièce se porte en avant, et dès que sa volée est à hauteur du timon de la pièce suivante, le sous-officier chef de la deuxième pièce, répète MARCHE. Les chefs des autres pièces répètent successivement le même commandement, en observant de faire obliquer leurs pièces à droite pour entrer en colonne par pièce.

---

(1) Dans la garde nationale les fonctions d'adjudant de batterie doivent être remplies par un sous-lieutenant. La ligne des caissons doit être commandée par le capitaine en second.

(2) Si les pièces sont attelées, les canonniers restent à leurs postes.

§ II. ORDRE EN COLONNE PAR PIÈCE.

4. Les pièces à un pas l'une de l'autre. Le commandant de batterie sur le flanc gauche. Le chef de la première section à un pas en avant de la première pièce. Les deux autres chefs de sections à quatre pas en dehors du flanc gauche, à hauteur du milieu de leurs sections. Chaque chef de pièce et de caisson, à gauche en avant de chaque pièce et de caisson.

§ III. FORMER LES SECTIONS.

42. Le capitaine voulant passer de l'ordre en colonne par pièce à l'ordre en colonne par section, commande :

　1. *Formez les sections. — Oblique à gauche.*
　2. MARCHE.

Au 1ᵉʳ *commandement.* Le chef de la première section commande :
　1. *Formez la section. — Oblique à gauche.*
　2. MARCHE.

Les autres chefs de sections font le même commandement, et ajoutent, *alongez,* MARCHE.

Au 2ᵉ *commandement.* Chaque pièce pair, suivie de son caisson, gagne en obliquant à gauche, l'intervalle qui la sépare de la pièce qui la précède, et dès quelle est parvenue à sa hauteur, elle reprend la marche directe, au commandement de son chef : *en avant.*

La colonne étant formée, le capitaine commande :
　Guide à droite, (ou *à gauche*).

43. Pour arrêter la colonne, il commande :
　1. *Colonne.*
　2. HALTE.

§ IV. MARCHE DIRECTE EN COLONNE.

44. La colonne étant de pied ferme, le capitaine voulant la mettre en marche, donne les points de direction et commande :

    1. *Colonne en avant, guide à gauche, (ou à droite).*

    2. MARCHE.

§ V. MARCHE OBLIQUE.

45. Le capitaine voulant gagner du terrain sur l'un des flancs de la colonne, commande :

    1. *Par pièce et par caisson. — Oblique à droite (ou à gauche.)*

    2. MARCHE.

Au 2ᵉ commandement. Toutes les sections exécutent ensemble un oblique à droite ou à gauche par pièce et par caisson en observant de bien conserver leurs intervalles afin que la batterie puisse reprendre aisément la marche directe.

La colonne ayant gagné assez de terrain, le capitaine commande :

    En avant.

A ce commandement. Les pièces et les sections reprennent leur marche directe.

§ VI. MARCHE DE FLANC.

46. Le capitaine voulant gagner du terrain vers l'un des flancs de la colonne, commande :

    1. *Par pièce et par caisson. — A droite, (ou à gauche.)*

    2. MARCHE.

Au 2ᵉ commandement. Toutes les sections exécutent ensemble un *à droite* ou *un à gauche* par pièce et par caisson, en décrivant un quart de cercle de cinq pas.

La conversion étant terminée, le capitaine commande :

    En avant, guide à gauche (ou à droite.)

— 43 —

Lorsque le capitaine veut rétablir la colonne, il commande :

    1. *Par pièce et par caisson.* — *A gauche (ou à droite)*

    2. MARCHE.

Chaque section exécute une conversion contraire à la première, et lors-que la colonne est rétablie, le capitaine commande :

    En avant guide à gauche (ou à droite.)

§ VI. MARCHE RÉTROGRADE.

47. La colonne étant en marche ou de pied ferme, le capitaine commande:

    1. *Par pièce et par caisson.* — *Demi-tour à gauche.*

    2. MARCHE.

Au 2e commandement. Toutes les sections exécutent le *demi-tour à gauche* par pièce et par caisson, en obliquant à droite de six pas, et en avançant de treize pas pour reprendre leur place sur le même terrain.

§ VII. CHANGEMENT DE DIRECTION.

48. Pour changer de direction, le capitaine commande :

    Tête de colonne à droite (ou à gauche.)

A ce commandement. Le chef de la première section commande :

    Tournez à droite (ou à gauche.)

La pièce de pivot décrit un arc de cercle de cinq pas en conservant son allure. La pièce de l'aile augmente la sienne et lorsque la conversion ou de-mi-conversion est effectuée; le chef de section commande :

    En avant.

Les autres sections, manœuvrent successivement de la même manière, en arrivant au point de conversion. Si la colonne était de pied ferme, le commandement, *tête en colonne, etc.*, serait suivi de celui de *marche.*

ORDRE EN COLONNE PAR SECTIONS.

49. Les deux files de pièces et de caissons sont à treize pas d'intervalle, la distance d'une pièce à un caisson dans chaque file est d'un pas, le capitaine marche au centre du flanc gauche de la colonne. Chaque chef de section au milieu de l'intervalle des pièces de sa section à hauteur des premiers conducteurs. Le chef de la ligne des caissons se tient du même coté que le capitaine, à quatre pas en dehors. Chaque chef de pièce et de caisson se tient à gauche et près des canonniers conducteurs de devant. Les canonniers sont à leurs postes.

§ VIII. ROMPRE LES SECTIONS.

50. Le capitaine voulant faire rompre par pièces, commande :

1. *Par la droite. — Rompez les sections.*

2. MARCHE.

A ces deux commandemens que répète le chef de la première section, la pièce de droite alonge en marchant droit. La pièce de gauche oblique à droite pour se porter en file derrière la pièce de droite.

Les autres sections rompent successivement de la même manière aux commandemens de leurs chefs respectifs.

FORMATION EN BATAILLE.

51. La colonne par sections, en marche ou de pied ferme, peut se former en bataille de quatre manières : 1° en avant en bataille; 2° à droite ou à gauche en bataille ; 3° sur la droite ou sur la gauche en bataille ; 4° face en arrière en bataille.

§ IX. EN AVANT EN BATAILLE.

52. Le capitaine commande :

1. *En avant en bataille. — Oblique à gauche* (ou *à droite.*)

2. MARCHE.

Au 1er commandement. Le chef de la première section commande :

> *Section en avant. — Guide à droite.*

Les chefs des autres sections commandent :

> *Par pièce et par caisson — Oblique à gauche.*

Au 2e commandement. Que répètent les chefs de sections, toutes les sections marchent dans la direction indiquée. La première section marche six pas devant elle et son chef l'arrête par ces commande.. ens.

> 1. *Section.* — HALTE.
>
> 2. *A droite.* — ALIGNEMENT. (1)

Les autres sections marchent obliquement jusqu'à ce qu'elles aient atteint la hauteur de leur place de bataille, et chacun de leurs chefs commande successivement .

> 1. *En avant. — Guide à droite.*
>
> 2. *Section.* — HALTE.
>
> 3. *A droite.* — ALIGNEMENT.

Lorsque la formation est terminée, et les pièces bien alignées , le capitaine commande : *Fixe.*

53. Si le capitaine veut former la colonne *en avant en bataille* sans s'arrêter, il commande :

> 1. *Formez la batterie. — Olique à gauche (ou à droite.)*
>
> 2. MARCHE.

54. Pour arrêter le front de bataille, le capitaine commande :

> 1. *Batterie.* — HALTE.
>
> 2. *A droite.* — ALIGNEMENT.

---

(1) L'alignement se prend toujours sur les essieus des grandes roues.

55. Pour remettre le front de bataille en marche, le capitaine commande :

> 1. *Batterie en avant.* — *Guide à droite.*
> 2. MARCHE.

§ X. A GAUCHE EN BATAILLE.

56. La colonne par sections, en marche ou de pied ferme, étant à 32 pas à gauche du front de la ligne de bataille à former, sa tête à 18 pas en arrière de l'aile gauche de cette ligne, le capitaine commande :

> 1. *A gauche en bataille.*
> 2. *Sections, tournez à gauche.*
> 3. MARCHE.

Au 3e commandement. Les sections exécutent en même tems une conversion à gauche, (N° 46) et lorsqu'elle est presque achevée, le capitaine commande : *En avant , guide à droite (ou à gauche),* et pour l'arrêter

> 1. *Batterie.* — HALTE.
> 2. *A droite.* — ALIGNEMENT (ou *à gauche*).

OBSERVATION. — Pour se former à droite en bataille, lorsque la colonne est à trente-deux pas à droite du front de la ligne de bataille à former, le capitaine commande : 1° *A droite en bataille;* 2° *sections, tournez à droite;* 3° MARCHE.

§ XI. SUR LA DROITE EN BATAILLE.

57. La colonne par section, en marche ou de pied ferme étant à 32 pas en deçà de la ligne de bataille à former, et à hauteur de l'aile droite de cette ligne, le capitaine commande :

> *Sur la droite en bataille.* — *Guide à gauche.*

Le chef de la première section commande :

1. *Tournez à droite.*
2. *En avant.*
2. *Section.* — HALTE.
4. *A droite.* — ALIGNEMENT.

Les autres sections marchent *droit* devant elles jusqu'à ce qu'elles soient à treize pas de la gauche de la section précédente, alors, pour arriver sur la ligne de bataille, chaque chef de section fait successivement les mêmes commandemens que le chef de la première section.

OBSERVATION. — On suit les mêmes moyens, en sens contraire, pour se former sur la gauche en bataille.

§ XII. FACE EN ARRIÈRE EN BATAILLE.

58. La colonne par sections, étant en marche ou de pied ferme, le capitaine commande :

1. *Face en arrière en bataille.* — *Oblique à gauche,* (ou *à droite*).
2. MARCHE.

Au 1ᵉʳ *commandement.* Le chef de la première section commande :

Section en avant. — *Guide à droite,* (ou *à gauche*).

Et quand cette première section a marché quinze pas *droit* devant elle, il commande :

1. *Par pièce et par caisson* — *demi-tour à* GAUCHE.
2. *Section.* — HALTE.
3. *A gauche* (ou *à droite*). — ALIGNEMENT.

Les chefs des autres sections commandent :

Par pièce et par caisson. — *Oblique à gauche,* (ou *à droite*).

Chaque chef de section en arrivant à hauteur de sa place de bataille, commande :

En avant. — Guide à droite, (ou à gauche).

En arrivant sur la ligne de bataille, chaque chef de section fait exécuter le demi-tour, arrête et aligne comme le chef de la première section.

Pour faire ensuite reporter les pièces en avant des caissons, le capitaine commande :

1. *Pièces, doublez vos caissons.*

2. **Marche.**

Au 2e commandement. Les pièces obliquent vivement à droite pour doubler les caissons en les laissant à gauche, dès qu'elles les ont dépassés elles appuyent à gauche pour reprendre leur ligne et leur distance de bataille.

Nota. Ces diverses formations de la colonne en bataille peuvent se compliquer de plusieurs manières en faisant passer les pièces ou les caissons en tête. Mais ces manœuvres, plus spéciales à l'artillerie de ligne, offrent peu d'utilité pour les compagnies des gardes nationales. D'ailleurs, elles concernent particulièrement les officiers.

§. XIII. ORDRE EN BATAILLE.

59. La distance entre les pièces est de treize pas, les caissons sont à un pas derrière les pièces, les canonniers sont à leurs postes ; le capitaine est à deux pas en avant, au milieu du front de bataille. Chaque chef de section se tient au milieu de l'intervalle de sa section, à un pas en avant des premiers conducteurs. Chaque chef de pièce et de caisson près et à gauche des premiers conducteurs. Le chef de la ligne des caissons, à quatre pas en arrière de la ligne des caissons, vis-à-vis le milieu de l'intervalle des pièces de la section du centre.

§ XIV. REVUES ET PARADES.

61. Pour une revue, la ligne des caissons est à quinze pas en arrière de celle des pièces. Le capitaine et les autres chefs conservent leurs places de bataille. Les canonniers se forment en pelotons à six pas en arrière de la volée des pièces.

Si la personne qui passe la revue traverse les lignes intérieures, le capitaine et les chefs de sections font face aux canonniers.

Pour former les pelotons, le capitaine commande :

1. *Former les pelotons.*
2. *Par le flanc droit et par le flanc gauche, à droite, — A gauche.*
3. MARCHE.

Au 2e commandement. Les canonniers font face à l'ennemi.

Au 3e commandement. Chaque chef de pièce dirige les deux files de canonniers, celle de gauche à six pas et celle de droite à sept pas de la volée, et commande *par file à droite et par file à gauche.* Après avoir pris cette nouvelle direction, la file de gauche fait aussitôt *par file sur la droite en bataille*; la file de droite marche jusqu'à ce que son premier servant soit arrivé derrière le premier servant de gauche, le chef de pièce fait faire front au deuxième rang, commande *à droite alignement. Fixe*, et se place à la droite de son peloton. Les artificiers ne bougent.

Pour défiler, le capitaine fait serrer les lignes. Les pelotons s'avancent à deux pas des pièces. Les caissons à trois pas des pelotons. (1)

____

(1) On comprendra facilement que cette disposition n'a lieu que lorsque la batterie est attelée. Dans le cas contraire, les canonniers seraient à leurs postes pour faire mouvoir les pièces. Les caissons suivraient à un pas.

— 5o —

Si l'on défile par sections, le capitaine commande :

    1. *Par la section de droite en avant (ou sur la droite). — En colonne.*

    2. *Première section de droite. — En avant.*

    3. Marche.

Les chefs de sections répètent les deux derniers commandemens au fur et à mesure que la section qui les précède se met en mouvement. Le capitaine se porte en avant de la première section. Les tambours ou les trompettes à quatre pas devant lui, les autres chefs conservent leurs places de bataille.

Si l'on défile par demi-batterie, le capitaine commande :

    1. *Par la demi-batterie de droite en avant, (ou sur la droite) en colonne.*

    2. *Première demi-batterie. — En avant.*

    3. Marche.

Le capitaine se porte en avant de la première demi-batterie, le chef de la section du centre marche avec elle.

Si l'on défile par batterie, le capitaine ne fait qu'indiquer le mouvement et la direction. Tous les officiers conservent leurs places de bataille.

Dans ces diverses manières de défiler, le guide est toujours du côté de la personne qui passe la revue.

§ XIV. FORMATION EN BATTERIE.

61. Chaque formation en bataille correspond à une formation en batterie qui s'exécute par les mêmes commandemens, en substituant le mot *batterie* au mot *bataille*. Ce commandement annoncé aux chefs de sections qu'au lieu d'arrêter et d'aligner leurs pelotons sur la ligne de bataille, ils doivent commander :

    En batterie. — Pièces demi-tour à gauche.

A ce commandement. Les caissons s'arrêtent, les pièces s'avancent à vingt-cinq pas *droit* devant elles, et font leur *demi-tour*. Les canonniers prennent vivement leurs postes en batterie, ôtent l'avant-train pour le replacer dans le prolongement de sa pièce et face à l'ennemi.

Tous ces mouvemens sont exécutés par les sections aux commandemens de leurs chefs respectifs.

§ XV. ORDRE EN BATTERIE.

62. L'ordre en batterie est celui où les pièces en ligne sont disposées pour faire feu. C'est-à-dire, les pièces, les avant-trains et les caissons tournés vers l'ennemi et sur trois lignes parallèles. Les avant-trains sont à six pas des pièces, les caissons à dix pas des avant-trains.

Le capitaine se porte partout où sa présence lui paraît nécessaire. Chaque chef de section se place au milieu de l'intervalle de ses pièces et à égale distance des affuts et des avant-trains. Chaque chef de pièce, faisant face à l'ennemi, se place en dehors et près de la file de gauche de sa pièce, entre l'extrémité du levier de pointage et l'avant-train. Le chef de la ligne des caissons se place au milieu et à quatre pas en arrière de cette ligne. Chaque chef de caisson reste auprès de son caisson, et prêt à délivrer les munitions aux pourvoyeurs. L'intervalle de chaque pièce doit toujours être de treize pas.

§ XVI. ROMPRE LA BATTERIE.

63. Pour rompre la batterie, en marche ou de pied ferme, il faut préalablement revenir à l'ordre en bataille, et distinguer le cas où la batterie doit marcher ou faire face en avant, du cas où la batterie doit marcher ou faire face en retraite. Dans le premier, les caissons sont derrière les pièces; dans le second, les pièces sont derrière les caissons.

§ XVII. PASSER DE L'ORDRE EN BATTERIE A L'ORDRE EN BATAILLE, LES PIÈCES EN TÊTE.

64. Le capitaine commande :

    1. *Amenez les avant-trains.*

    2. *En avant en bataille.*

    3. *Pièces demi-tour à gauche. — Caissons en avant.*

    4. MARCHE.

Au 1er commandement. Les avant-trains se réunissent à leurs pièces, en appuyant à droite et tournant à gauche. (N° 33.)

Au 4e commandement. Les pièces exécutent leur demi-tour (N° 47), et les caissons serrent sur les pièces à un pas de distance.

Si la batterie doit continuer à marcher, le capitaine, après le commandement *marche*, ajoute : *Batterie en avant.*

§ XVIII. PASSER DE L'ORDRE EN BATTERIE A L'ORDRE EN BATAILLE, LES CAISSONS EN TÊTE.

65. Le capitaine commande :

    1. *Amenez les avant-trains.*

    2. *En arrière en bataille.*

    3. *Caissons demi-tour à gauche. — Pièces en avant.*

    4. MARCHE.

Au 1er commandement. Les avant-trains se réunissent à leurs pièces comme à la manœuvre précédente.

Au 4e commandement. Les caissons font leur demi-tour à gauche, les pièces serrent sur les caissons à un pas de distance.

Si la batterie doit continuer à marcher, le capitaine, après le commandement *marche*, ajoute : *Batterie en avant.*

§. XIX. ROMPRE LA LIGNE DE BATAILLE A DROITE OU A GAUCHE
EN COLONNE.

66. L'ordre de bataille étant rétabli, pour revenir à l'ordre en colonne par sections à droite ou à gauche dans la même direction que la ligne de bataille, le capitaine commande :

    1. *A droite* (ou *à gauche*). — *En colonne.*

    2. *Sections, tournez à droite* (ou *à gauche*),

    3. MARCHE.

    4. EN AVANT.

§ XX. ROMPRE LA LIGNE DE BATAILLE EN AVANT,
PAR LES AÎLES. (1)

67. La ligne de bataille étant en marche ou de pied ferme, le capitaine commande :

    1. *Par la section de droite.* — *En avant en colonne.*

    2. MARCHE.

Au 1er commandement. Le chef de la première section commande :

    Section en avant. — MARCHE.

Au 2e commandement. La première section marche *droit* devant elle, les chefs des autres sections commandent :

    1. *Par pièce et par caisson.* — *Oblique à droite* (ou *à gauche*).

    2. MARCHE.

---

(1) On peut encore rompre la ligne de bataille en arrière sur les aîles, ou bien la rompre sur la section du centre pour former la colonne d'attaque. Mais ces manœuvres sont plus spéciales à l'artillerie de ligne qu'à celle de la garde nationale.

Au 2ᵉ commandement. Toutes les sections obliquent jusqu'à la direction de la colonne, et chaque chef de section commande : *En avant.*

§ XXI. RÉTABLIR LA COLONNE PAR PIÈCE.

68. Le capitaine commande, comme au Nᵉ 50 :

1. *Par la droite, rompez les sections.*
2. MARCHE.

§ XXII. PARQUER.

69. La colonne étant rétablie par pièce, et la droite arrivant au parc, le capitaine commande :

1. *Par (tant de pas) d'intervalle, formez le parc.*
2. MARCHE.

Au 2ᵉ commandement. Chaque chef de pièce et de caisson dirige à voix basse la marche de ses voitures, et se conforme aux dispositions du terrain pour employer le mouvement le plus simple. Lorsque toutes les pièces sont alignées, les canonniers sortent de batterie comme il est dit aux Nᵒˢ 34 et 35.

TITRE V.

DES FEUX.

70. Dans chaque formation en batterie, les feux s'exécutent par batterie, par demi-batterie, par sections ou par pièce.

Au commandement de chacun de ces feux, si la batterie se trouve sur l'alignement d'un front de bataille, chaque chef de batterie commande : *A bras en avant*, et lorsque les pièces sont avancées de 3 ou 4 pas, c'est-à-dire lorsque les crosses se trouvent sur l'alignement du front de bataille, il commande , *halte, à gauche (ou à droite), alignement*, puis il ajoute : COMMENCEZ LE FEU.

A ce commandement. Chaque chef de pièce commande : EN ACTION, et la charge s'exécute, mais le capitaine fait tous les commandemens , même celui de feu.

71. Pour faire porter la batterie à des positilions successivement, plus avancées, le capitaine commande :

  1. *Cessez le feu, amenez les avant-trains.*

  2. *Feu en avançant, pièces et caissons , demi-tour à gauche.*

  3. MARCHE.

  4. EN AVANT.

Aux 3e et 4e commandemens. Les pièces et les caissons exécutent leur demi-tour, se portent à la nouvelle position, et le capitaine commande :

  1. *En batterie, pièces demi-tour à gauche.*

  2. MARCHE.

Au 2e commandement. Les pièces se mettent en batterie par un nouveau demi-tour à gauche, les avant trains se retirent, les caissons s'arrêtent à la position où ils se trouvent, et le feu recommence.

NOTA. Si la nouvelle position à prendre est peu éloignée, on laisse les leviers dans les anneaux de manœuvre, le premier servant de droite garde l'écouvillon, les pointeurs ôtent les leviers de pointage et les portent jusqu'à la nouvelle position.

72. Pour donner au feu une direction opposée, le capitaine commande :

  1. *Cessez le feu.*

  2. *Feu en arrière, pièces demi-tour à gauche, avant-trains et caissons , en avant.*

  3. MARCHE.

4

Au 3e commandement. Les canonniers font faire demi-tour aux affuts, les avant-trains et les caissons doublent la ligne des pièces en les laissant à gauche, et prennent leur place de batterie par un demi-tour à gauche, et le feu recommence.

73. Voulant faire feu *en retraite* par demi-batterie, le capitaine commande :

    1. *Feu en retraite par la droite.*

    2. **Marche.**

Au 1er commandement. Le chef de la section de droite commande :

    1. *Demi-batterie de droite, cessez le feu.*

    2. *Amenez les avant-trains.*

    3. *Caissons demi-tour à gauche, pièces en avant.*

Au 2e commandement, que répète le chef de la section de droite, les avant-trains de sa section et l'avant-train de la pièce de droite de la section du centre se réunissent à leurs pièces, les caissons font demi-tour à gauche, et lorsque ce mouvement est opéré, le chef de la section de droite, commande :

    Demi-batterie de droite, en avant, guide à droite, **marche.**

Cette demi-batterie marche en retraite jusqu'à la distance indiquée par le capitaine, et le chef de la section de droite, commande :

    Demi-batterie de droite, **halte,** **en batterie.**

A ce commandement. Cette demi-batterie s'arrête, les avant-trains se détachent et se portent à leur distance de batterie, mais restent ainsi que les caissons, face en arrière ; alors la demi-batterie de gauche, qui a continué son feu sous le commandement du capitaine, se retire sous les mêmes commandemens que ceux ci-dessus faits par le chef de la section de gauche, et lorsqu'elle est arrivée à la hauteur de la demi-batterie de droite, le capitaine reprend le commandement de cette dernière demi-batterie et fait recommencer le feu. La demi-batterie de gauche continue à marcher en retraite jusqu'à la distance indiquée par le capitaine et se met en batterie. La demi-

— 57 —

batterie de droite cesse alors son feu et reprend sa marche rétrograde; cette manœuvre continue alternativement jusqu'à ce que le capitaine rétablisse la batterie sur un même alignement, et dans chaque mouvement rétrograde, les caissons, restant face en arrière, les chefs de sections suppriment dans les commandemens, celui qui est relatif an demi-tour, et le remplacent par celui-ci : *Pièces et caissons en avant.*

73. Voulant, pour lë passage d'un défilé, faire *feu de flanc* par sections à droite ou à gauche, le capitaine commande :

> 1. *Garde à vous.*
> 2. *Feu de flanc à droite,* (ou *à gauche*).
> 3. *Commencez le feu.*

Au 2e commandement. Le chef de section commande : *Première pièce en retraite.*

Au 3e commandement. Le chef de section commande : MARCHE. Aussitôt le chef de la deuxième pièce fait ôter l'avant-train et déployer la prolonge. (1) La première pièce marche en retraite et son chef se porte à hauteur des premiers conducteurs de la deuxième pièce, et dès que la volée de sa pièce arrive vis-à-vis lui, il commande : *Pièces, halte, en batterie.*

Pendant ce mouvement, les canonniers de la deuxième pièce, après avoir ôté l'avant-train et déployé la prolonge, rendent les crosses à droite, pour le feu à gauche, et à gauche pour le feu à droite, et s'appliquent *à bras en avant* pour faire avancer la pièce jusqu'à ce qne les leviers de pointage soient à hauteur du coffret, et le chef de la deuxième pièce commande : EN ACTION.

---

(1) Tous les commandemens relatifs aux feux de flanc et de retraite se combinent avec ceux qui vont suivre sur la manœuvre de la prolonge.

Le chef de la première pièce, prend les mêmes dispositions, commande ensuite *en action*, et attend pour faire feu que la deuxième pièce ait effectué son mouvement rétrograde.

Après le feu alternatif des deux pièces, le capitaine voulant faire cesser le feu, commande :

1° *Cessez le feu.*

2° *Sur la première (ou deuxième pièce), alignement.*

Au 2° *commandement*, le chef de la pièce en batterie, fait tendre la prolonge pour remettre sa pièce dans la première direction, et le chef de la pièce en action, commande : *pièce en retraite,* MARCHE. Et cette pièce précédée de son caisson se porte à hauteur de l'autre.

TITRE VI.

INSTRUCTIONS PARTICULIÈRES.

§ I. MANŒUVRE DE LA PROLONGE.

71. La prolonge est un câble de 38 à 40 pieds de longueur, tordu à quatre brins, de onze lignes de diamètre, dont on se sert pour les feux de flanc, de retraite et le passage des fossés. Elle est garnie à l'un de ses bouts d'un billot en forme de T, et au milieu d'un anneau ou d'une ganse. Elle s'attache à l'avant-train entre la sellette et la sassoire, de la manière suivante :

On mesure du côté du billot 28 pieds de prolonge que l'on place à gauche. On prend le bout de ce qui reste de la main gauche, on le passe en dessous dans l'anneau de gauche de la sellette, puis en dessus, de la main droite, dans l'anneau de droite, et on le ramène en dessous et vers le milieu de l'avant-train. La main gauche prend en même tems, près de l'anneau de gauche, la grande partie de la prolonge et l'on fait le nœud suivant, appelé *nœud de prolonge.*

On forme de chaque main une boucle en croisant en dessus. On fait entrer la boucle de gauche dans celle de droite. On passe, en dessus, dans la boucle de gauche, le bout de la boucle de droite. On serre, et le nœud est fait. Mais il n'a pas de ganse, et pour en faire une, (1) on a soin, avant de serrer, de tenir la boucle de gauche allongée et au lieu de passer *en dessus* le bout de la boucle de droite dans la boucle de gauche, on passe *en dessous*, on serre alors, et l'on fait autour de la partie de la prolonge qui a servi à former la boucle de droite plusieurs anneaux, en engageant alternativement en dessous et en dessus, le bout de la prolonge dans chaque anneau. Trois ou quatre suffisent pour épuiser le bout de la prolonge. On affermit le nœud et la ganse est faite. On fixe les 28 pieds de prolonge sur les crochets d'armons, en croisant de droite à gauche et de dessus en dessous, et l'on fixe le billot, au milieu de la masse, par un demi-nœud droit ou de batelier.

Il y a trois manières de déployer la prolonge.

1° Passer le billot dans l'anneau d'embrelage, la prolonge est alors dans toute sa longueur.

2° Passer le billot dans l'anneau d'embrelage et l'engager ensuite dans l'anneau ou la ganse du milieu de la prolonge, la prolonge a alors une longueur de 16 pieds environ.

3° Enfin, passer le billot dans l'anneau d'embrelage et l'engager ensuite

---

(1) Lorsque la prolonge à deux anneaux, on ne fait pas de ganse, car l'un de ces anneaux est attaché de manière à se trouver sous la sassoire lorsque la prolonge est attachée à l'avant-train, et c'est dans cet anneau que l'on passe le billot.

dans la ganse du nœud de prolonge, la prolonge est alors doublée, elle a environ 14 pieds.

Dans les manœuvres de batterie, lorsque l'instructeur commande : *ôtez l'avant-train, déployez la prolonge*, les troisièmes servans, comme on l'a vu à la note du N° 23, ne font pas faire demi-tour à l'avant-train, ils l'éloignent seulement de 4 à 5 pas et dans la direction des crosses. Le troisième servant de gauche déploie la prolonge (1), en passe le billot au pointeur qui l'engage de dessus en dessous dans l'anneau d'embrelage, et ramène le billot au troisième servant de droite qui le passe de dessous en dessus dans la ganse ou l'anneau du nœud de prolonge, alors les troisièmes servans font avancer l'avant-train, pour tendre la prolonge.

Lorsque l'instructeur veut faire exécuter le feu de retraite, il commande :

    1. *Feu de retraite, doublez la prolonge.*

    2. Marche.

    3. En action.

Au 1er commandement. Le deuxième servant de droite accroche le seau. Le troisième de droite déploye la prolonge comme il est dit ci-dessus, et lorsque le pointeur lui rend le billot, il l'engage dans la ganse ou l'anneau du nœud de prolonge.

Au 2e commandement. Les canonniers mettent la pièce et l'avant-train en mouvement, par l'un des moyens indiqués aux N°s 23 et 35.

Au 3e commandement. Les canonniers reprennent leurs postes, le deuxième servant de droite décroche le seau et la charge s'exécute de pied ferme.

Pour faire exécuter le feu de flanc, l'instructeur commande :

---

(1) Aux pièces du nouveau système, c'est le pointeur-servant qui déploye la prolonge et en passe le billot au pointeur.

— 61 —

1. *Feu de flanc, allongez la prolonge.*

2. **Marche.**

3. **En action.**

Au 1er commandement. Le deuxième servant de droite accroche le seau, le troisième de droite déploye la prolonge, passe le billot au pointeur qui l'engage dans la ganse ou l'anneau du milieu de la prolonge.

Au 2e commandement. Les canonniers dirigent la pièce à cinq pas d'intervalle du flanc de la colonne, la volée tournée du côté de l'ennemi.

Au 3e commandement. Les canonniers reprennent leurs postes, le deuxième de droite décroche le seau et la charge s'exécute de pied ferme.

Pour faire passer un fossé, l'instructeur commande :

1. *Pour le passage du fossé, déployez la prolonge.*

2. **Marche.**

Au 1er commandement. Le troisième servant de droite passe le billot au pointeur qui l'engage dans l'anneau d'embrelage, les pointeurs ôtent les leviers de pointage.

Au 2e commandement. Les canonniers dirigent la pièce et exécutent le passage du fossé.

§ II. POINTAGE.

Pointer une pièce, c'est lui donner une direction telle que le boulet aille frapper le but proposé.

Pour obtenir cette direction il faut que le but, le cran de mire, la plate bande de culasse et l'œil du pointeur se trouvent dans une ligne visuelle, qu'on nomme *ligne de mire.*

L'axe de la pièce est une ligne droite que l'on suppose au milieu de l'âme, dans toute sa longueur et que l'imagination prolonge à l'infini.

La plate bande de culasse étant plus élevée que le cran de mire, la ligne de mire est inclinée sur la ligne de l'axe et la coupe, par dessus, un peu au-delà de la bouche.

Le boulet sort de la pièce dans la direction de l'axe et s'élève bientôt au-dessus de la ligne de mire; mais entraîné par son poids vers la terre, il décrit une courbe qu'on appelle *ligne de tir ou trajectoire*, qui, à une certaine distance, coupe une seconde fois la ligne de mire par dessus. Le point de cette deuxième section se nomme *but en blanc*.

Or, avec la charge de guerre, la poudre ayant portée de réception, le but en blanc est :

Pièce de 12. . . . . 270 toises,
    de 8 et de 6. 260
    de 4. 250

Il en résulte la règle suivante : Pour pointer une pièce de but en blanc, le pointeur la dirige de manière que la ligne de mire aboutisse à l'objet à abattre. Mais si cet objet est plus éloigné que le but en blanc, la pièce, restant pointée de la même manière, le boulet arriverait au même point de la ligne de tir et passerait au-dessous de l'objet à abattre.

Pour qu'il puisse l'atteindre, il faut élever la ligne de tir. On y parvint en élevant la volée, et pour que la culasse ne se trouve pas au-dessous de la ligne de mire, on employe la hausse qui élève cette ligne.

Alors on a cette autre règle : Le pointeur, après avoir disposé la pièce pour le but en blanc, élève la hausse au nombre de lignes indiquées par l'expérience, et baisse la culasse jusqu'à ce que son œil droit, visant par le cran de la hausse et le cran de mire, rencontre l'objet à abattre.

Lorsque l'objet à abattre est moins éloigné que le but en blanc, le pointeur, en supprimant la hausse, doit diriger la ligne de mire au-dessous de cet objet.

L'expérience a appris que lorsque l'objet à abattre est au-dessus du but en blanc, il faut deux lignes de hausse par chaque 25 toises.

Que lorsque l'objet est au-dessous du but en blanc, il faut pointer un pied au-dessous de cet objet, par chaque 20 toises jusqu'à moitié de la distance du but en blanc, et qu'à partir de cette moitié, il faut diminuer l'abaissement d'un pied par chaque 20 toises de rapprochement entre l'objet à abattre et la bouche de la pièce.

Ces règles, prescrites lorsque la pièce est établie sur un terrain de niveau, deviennent inutiles lorsque les roues sont inégalement élevées, parce qu'alors la ligne de mire, inclinée vers la roue la plus basse, ne peut rencontrer la ligne de l'axe ni celle de tir. On y remédie en mesurant la ligne de mire sur les points les plus élevés de la plate bande de culasse et du renflement du bourelet, et en se servant d'une hausse mobile.

Si le terrain s'élève en avant de la pièce, la ligne de mire s'élève et le but en blanc se rapproche. Il faut donc élever la hausse pour la même distance. Il faut au contraire la baisser, si le terrain s'élève en arrière de la pièce.

Indépendamment de ces principes, il faut encore pour bien pointer, une justesse de coup-d'œil que l'habitude seule peut donner.

Les pièces de bataille se tirent ordinairement sous les angles de 6, 7, 8, 9 et 10 degrès. Ces angles élèvent peu les boulets, et produisent plus de ricochets, mais il serait impossible de déterminer la distance du premier bord, la seule règle à suivre est d'observer que moins l'angle de projection aura d'élévation, plus le projectile conservera de force.

[illegible]

Deuxième Partie

SERVICE
DES BOUCHES A FEU
DE SIÉGE ET DE PLACE.

TITRE PREMIER.

§ 1. NOTIONS PRÉLÉMINAIRES.

Les bouches à feu de siége et de place sont des pièces de gros calibre que l'on pose derrière un massif de terre qu'on nomme *épaulement*, et qui cache à l'ennemi la manœuvre des pièces. Lorsque ces pièces sont placées sur les ramparts, elles ont pour épaulement naturel le parapet.

L'épaulement des pièces de siége a une ouverture qu'on nomme *embrâsure*, dans laquelle on engage la volée lorsque la pièce est chargée.

L'épaulement des pièces de place n'a point d'embrâsure, parce que l'affut est monté sur un chassis indépendant de la plate-forme et qui élève la volée au-dessus du parapet.

Les bouches à feu de siége et de place sont ordinairement du calibre de 24 et de 16. C'est-à-dire des pièces dont les boulets pèsent 24 et 16 livres. On comprend encore sous cette dénomination les obusiers de 8 pouces et les trois espèces de mortiers. Les épaulemens des obusiers ont aussi des embrâsures, mais ceux des mortiers n'en ont pas.

Le lieu sur lequel ces diverses bouches à feu sont manœuvrées se nomme *plate-forme*. C'est une construction en bois, garnie d'une poutrelle de 8 pieds de longueur sur 8 à 10 pouces d'équarissage qu'on nomme *heurtoir* et qui se place toujours perpendiculairement à la ligne directrice, dans toute l'étendue du pied du revêtement pour arrêter la pièce à un point fixe. Les plate-formes des mortiers et des obusiers sont horizontales, mais celles des pièces de siége et les chassis de place et de côte sont inclinés de 5 pouces vers l'épaulement, pour affaiblir l'action du recul et faciliter la mise en batterie.

La construction des épaulemens, des embrâsures et des plates-formes, concerne spécialement les officiers et sous-officiers d'artillerie. Les canonniers ne sont appelés qu'à en exécuter les travaux sous leur direction.

La charge d'une pièce de 24 est de 8 livres de poudre, sa portée est environ de 2150 toises.

La charges d'une pièce de 16 est de 5 livres et demie de poudre, sa portée est de 2080 toises.

Le tir des pièces de 24 et de 16 est soumis à d'autres règles que celui des pièces de bataille. Les batteries de siége sont destinées, selon leur position, à tirer à *plein fouet* ou à *ricochets*, soit pour battre en brèche, soit pour enfiler un système de fortification, de manière que les boulets parcourent la longueur du rempart battu.

Les batteries de place tirent ordinairement à *toute volée* sur les ouvrages de l'ennemi. Quelquefois on les fait ricocher, principalement lorsqu'elles battent les routes. L'expérience a prouvé que sur les remparts peu élevés, l'angle de projection doit avoir rarement plus de 10 degrés, mais si la position qu'on veut atteindre est élevée, ou si la batterie est à une hauteur extraordinairement, on se place de manière à tirer sous les angles de 14 à 15 degrés.

§ II. SERVICE DES PIÈCES DE SIÈGE.

Sept canonniers sont nécessaires pour le service d'une pièce de siége de 24 ou de 16, savoir : deux premiers servans, deux deuxièmes servans, deux troisièmes servans et un pointeur. Les sept canonniers sont placés sur deux rangs, le premier rang pour la gauche de la pièce, le deuxième rang pour la droite. Ils sont commandés par un sous-officier chef de pièce, qui se place à la droite des premiers servans.

Le détachement, divisé par pelotons de pièce et marchant sur le flanc droit, peut arriver indifféremment par la droite ou par la gauche de la batterie. Seulement il faut remarquer que pour arriver par la droite, le détachement doit avoir sa gauche en tête, l'inverse dans le cas contraire. Chaque sous-officier chef de pièce, se tient sur le flanc du détachement à un pas en avant des premiers servans. En arrivant à la batterie, le détachement suit l'alignement indiqué par le capitaine, et les premiers servans de chaque peloton s'arrêtent, sans commandement, vis-à-vis la place qu'ils doivent occuper à la pièce ; alors le capitaine commande :

1. FRONT.
2. *A droite.* — ALIGNÉMENT.

Après l'exécution de ces deux commandemens, le capitaine commande :

1. *Par le flanc droit,* — *A droite.*
2. *Par file à droite.* — *A vos postes.* — MARCHE.
3. FRONT.

Au 2ᵉ commandement. Les deux rangs se séparent et se dirigent à droite et à gauche de la pièce, les premiers servans s'arrêtent sans commandement à trois pieds du heurtoir, à 18 pouces de l'alignement des roues, les deuxièmes servans à trois pieds des premiers, les troisièmes servans à trois pieds des deuxièmes, et le pointeur à trois pieds du troisième servant de gauche.

Au 3ᵉ commandement. Tous font face à la pièce et s'alignent sur les premiers servans.

Les armemens d'une pièce de siège sont :

1° Six leviers, trois de chaque côté, ayant le petit bout portant sur l'essieu et appuyant contre la flasque. Le gros bout est équarri et se nomme *pince.*

2° Un écouvillon et un refouloir, posés sur deux chevalets à droite de la pièce, l'écouvillon en dessus, la brosse du côté opposé à l'épaulement, ainsi que la tête du refouloir.

3° Deux coins de mire placés sous le premier renfort, pour les pièces qui n'ont point de vis de pointage.

4° Un gargoussier, de bout contre l'épaulement, en dehors des boulets.

5° Un dégorgeoir, un sac à étoupilles, un doigtier et une hausse dans son étui, le tout suspendu au bouton de culasse.

6° Un boute-feu, fiché dans le sabot, derrière le deuxième servant de droite.

7° Un chapiteau couvrant la lumière.

8° Deux masses, l'une à droite, l'autre à gauche, contre l'épaulement, à un pas en dehors de l'alignement des roues.

9° Enfin, des boulets, placés en pile contre l'épaulement à gauche de la pièce et immédiatement à côté de la plate-forme, des bouchons placés aussi contre l'épaulement et la pile des boulets ; et un balais placé entre la masse et les boulets.

Pour faire prendre les armemens, le capitaine commande :

Equipez-vous.

A ce commandement. Le pointeur se porte au bouton de culasse, s'équipe du sac à étoupilles, du doigtier et du dégorgeoir, enlève le chapiteau, le pose contre l'épaulement, à côté et en dehors du gargoussier et reprend son poste,

Les deuxièmes servans se portent entre le flasque et la roue, prennent les leviers, les passent aux premiers et troisièmes servans, en conservent un pour eux et reprennent leur postes.

Les six servans posent la pince de leur levier sur la plate-forme, du côté opposé à l'épaulement, à 6 pouces en avant de leur alignement, ils tiennent le petit bout des deux mains l'une à l'extrémité, les ongles en dessus, à hauteur du teton et le coude au corps; l'autre, les ongles en dessous, le bras allongé naturellement,

Losque tous les canonniers sont équipés et en position, le capitaine ou chef de pièce, fait exécuter la manœuvre aux commandemens suivans :

1° HORS DE BATTERIE,

Le pointeur se porte à deux pas de sa position, dans la direction de la pièce, pour en suivre les mouvemens. Les servans, tournant le dos à l'épaulement, changent leurs mains de place de manière que celle qui tenait le petit bout du levier se trouve à-peu-près vers son milieu et dans une position à pouvoir diriger la *pince* au point d'appui nécessaire pour embarrer. Les premiers servans embarrent sous le devant des roues, les deuxièmes servans dans les rais, près de la jante et perpendiculairement aux flasques, les troisièmes, sous les flasques près des crosses. Aussitôt que le pointeur voit que les servans sont en position d'agir, il commande :

Ferme.

A ce commandement. Les servans font effort ensemble, et reculent la pièce pour amener la bouche à 18 pouces de l'épaulement, le pointeur veillant à ce qu'elle recule dans la direction de l'embrâsure. Les premiers servans abandonnent leurs leviers de la main voisine de l'affut, saisissent les masses, calent les roues et reprennent, ainsi que les troisièmes servans, leur première position. Les deuxièmes servans, sans faire effort, restent embarrés.

2° CHARGEZ.

Les premiers servans posent leurs leviers de bout contre l'épaulement. Celui de droite fait un *à gauche* sur le talon droit, se porte en dehors des chevalets, en enjambant par dessus l'écouvillon et le refouloir. Fait *un à droite* sur la pointe du pied gauche, saisit l'écouvillon des deux mains, les ongles en dessus, enjambe de nouveau pour revenir à la pièce, s'avance vers la bouche, y présente la brosse sans l'engager, la main droite seule soutenant la hampe. Les yeux fixés sur la lumière.

Le premier servant se porte à la bouche, saisit la hampe de la main gauche, les ongles en dessus, et en dehors de celle du premier servant de droite.

Les deuxièmes servans embarrent sous le premier renfort ; le pointeur se porte à la culasse et dispose la volée pour qu'on puisse charger commodément, les deuxièmes servans soulevant la culasse pour faciliter le mouvement de la vis de pointage ou du coin de mire ; il fait un signal des deux mains, auquel les deuxièmes servans débarrent et reprennent leurs postes ; il bouche la lumière de la main gauche en se plaçant entre les flasques et se fendant en arrière de la jambe droite, de manière que sa main seule soit vue de l'embrâsure.

Les premiers servans, fixant toujours la lumière, enfoncent l'écouvillon jusqu'à la main du premier de droite ; portent ensuite les mains jusqu'à l'extrémité de la hampe, tendant les bras de toute leur longueur; ils l'enfoncent encore et continuent ainsi pour faire arriver la brosse jusqu'au fond de l'ame.

Le deuxième servant de gauche va poser son levier de bout contre l'épaulement, prend le gargoussier qu'il enlève de la main droite et vient s'arrêter à hauteur de l'extrémité de la plate-forme. Au signal du chef de pièce (1), il va chercher la poudre et revient, face à la pièce, à 18 pouces en arrière du premier servant de gauche, en prenant un bouchon qu'il tient de la main gauche.

3° ÉCOUVILLONNEZ.

Les premiers servans portent leurs mains libres à l'écouvillon, les placent, en alternant, les ongles en dessous; ils écouvillonnent comme aux pièces de bataille, et retirent l'écouvillon par des mouvemens contraires à ceux prescrits pour l'enfoncer. Le premier servant de gauche abandonne la hampe; celui de droite retourne la main gauche pour la placer les ongles en dessus, dégage la brosse en la tirant à lui, et faisant glisser la hampe dans l'embrâsure, se porte en dehors des chevalets en enjambant par dessus, comme dans le mouvement précédent, replace l'écouvillon, saisit le refouloir et vient le présenter à la bouche, de la même manière qu'il a présenté la brosse.

Le deuxième servant de gauche, passant le gargoussier sous le bras gauche, y prend une gargousse de la main droite, la remet au premier servant de gauche, lui donne ensuite le bouchon et porte le gargoussier à sa place.

Le premier servant de gauche reçoit, par sa droite, la gargousse des deux mains, la droite la soutenant, le culot du côté de la pièce; il introduit la

---

(1) Ce signal se fait en élevant le bras droit en avant, il est le même dans le service des bouches à feu de siège.

gargousse dans l'ame ; reçoit de même le bouchon , le met sur la gargousse et
saisit la hampe du refouloir de la main gauche , près et au-dessus de celle du
premier servant de droite. Tous deux engageant alors le refouloir, ils l'enfoncent comme ils ont enfoncé l'écouvillon.

4° REFOULEZ.

Etendant les bras de toute leur longueur, les premiers servans refoulent un
coup, retirent le refouloir et le posent dans l'embrâsure, le premier servant
de droite tenant toujours la hampe.

Pendant ce tems , le deuxième servant de gauche, va prendre d'abord un
bouchon de la main droite, ensuite un boulet dés deux mains , et vient se
placer derrière le premier servant de gauche comme il l'a fait pour la poudre,

Le premier servant de gauche reçoit le boulet et le bouchon comme il a
reçu la gargousse , il introduit le boulet dans l'ame, ensuite le bouchon, saisit
la hampe, aide le premier servant de droite à refouler et à retirer le refouloir
qui est reporté à sa place par le premier servant de droite, de la même manière que l'écouvillon , ayant attention de replacer l'écouvillon en dessus.

Le deuxième servant de gauche, après avoir remis le boulet et le bouchon,
rentre à son poste et reprend son levier.

Le premier servant de gauche balaie la plate-forme, revient ensuite à son
poste et reprend son levier.

Le premier servant de droite, après avoir placé le refouloir sur les chevalets, revient à son poste et reprend son levier.

Le pointeur se porte en arrière des crosses.

5° EN BATTERIE.

Les premiers servans, quittant leurs leviers de la main voisine de l'épaulement, se baissent pour décaler les roues. Tous les servans , faisant face à

l'épaulement, embarrent : les premiers servans dans les rais , les deuxièmes sous le derrière des roues, et les troisièmes sous les crosses. Lorsque tous sont en position d'agir, le pointeur commande :

FERME.

A ce commandement. Tous font effort ensemble pour mettre la pièce en batterie, le pointeur veillant à ce que la volée arrive dans le milieu de l'embrâsure.

6° POINTEZ.

Les premiers servans débarrent et reprennent leurs postes.

Les deuxièmes servans embarrent sous le premier renfort.

Le pointeur se porte à la culasse, se fendant de la jambe gauche, dirige la pièce et pointe en élevant ou baissant la volée à l'aide des deuxièmes servans, et en faisant rendre les crosses aux troisièmes servans, par de légers coups de mains donnés en dehors des flasques ou de la flèche , à droite pour rendre à gauche, à gauche pour rendre à droite.

Le pointeur dégorge de la main droite, place l'étoupille de la main gauche en dirigeant la cravatte sur le côté droit de la pièce. Il fait ensuite un signal des deux mains, auquel les deuxièmes et troisièmes servans débarrent et reprennent leurs postes.

Le pointeur se porte, selon le vent, à la droite ou à la gauche de la batterie pour observer le coup.

Le deuxième servant de droite va porter son levier de bout contre l'épaulement, saisit le boute-feu de la main droite , l'appuie sur le bras gauche, et revient à son poste, tournant le dos à l'épaulement.

7° HAUT LE BRAS.

Le deuxième servant de droite frappe le boute-feu sur son bras gauche, et le dirige, le bras tendu , les ongles en dessus, à trois pouces de l'etoupille.

Les premiers servans quittent leurs leviers de la main voisine de l'épaulement, se baissent, saisissent les masses et se fendent du pied opposé à l'épaulement, parallèlement à la pièce.

8° FEU.

Le deuxième servant de droite touche du boute-feu la cravatte de l'étoupille, dès quelle a pris feu, retire le boute-feu du côté de la volée (1) le reporte à sa place, reprend son levier et revient à son poste.

Après l'explosion, les premiers servans calent les roues et se relèvent. Le pointeur revient à son poste.

La manœuvre étant terminée, le chef de batterie ou le chef de pièce, commande :

1° EN BATTERIE.

Les six servans exécutent les mêmes mouvemens que ceux indiqués au cinquième commandement.

2° LA PIÈCE HORS D'EAU.

Les six servans prennent leurs postes, les deuxièmes embarrent sous le premier renfort, le pointeur se porte à la culasse et baisse la volée pour empêcher l'eau de séjourner dans l'ame, et à son signal, les deuxièmes servans débarrent et reprennent leurs postes.

---

(1) Le soin commandé au deuxième servant de droite de passer le boute-feu du côté de la volée en le retirant à lui, s'applique spécialement au cas où la pièce est amorcée avec de la poudre, et pour éviter que le boute-feu ne passe au-dessus de la lumière au moment de l'explosion, ce qui le consommerait plus promptement.

3° DÉSÉQUIPEZ-VOUS.

Le pointeur va prendre le chapiteau, le pose sur la lumière, suspend ses armemens au bouton de culasse et revient à son poste.

Les deuxièmes servans se portant entre les flasques et les roues, posent leurs leviers, le petit bout appuyé contre les flasques et l'essieu; reçoivent, par le petit bout, ceux des premiers et troisièmes servans qu'ils posent de la même manière que les leurs, et reviennent à leurs postes.

OBSERVATION. — Pour la manœuvre des pièces de siége d'un calibre inférieur, on supprime les troisièmes servans ainsi que leurs leviers, et pour mettre en batterie ou en sortir, les premiers servans embarrent dans les rais, les deuxièmes sous les crosses; enfin, au commandement POINTEZ, les deuxièmes servans embarrent encore sous les crosses et les premiers sous le premier renfort.

§ III. SERVICE DES PIÈCES DE PLACE.

Pour le service d'une pièce de place de 24 ou de 16, il faut cinq canonniers, savoir: deux premiers servans, deux deuxièmes servans et un pointeur, que l'on forme en peleton et que l'on conduit à la batterie de la même manière qu'aux pièces de siége.

Les armemens sont les mêmes et disposés de la même manière qu'aux pièces de siége, il y a seulement deux leviers de moins, et deux coins d'arrêts au lieu de masses.

Les quatre servans se placent comme les premiers et les deuxièmes servans aux pièces de siége, et le pointeur à trois pieds du deuxième servant de gauche.

Au commandement, ÉQUIPEZ-VOUS, les canonniers prennent les armemens comme aux pièces de siége, et la manœuvre s'exécute aux commandemens suivans :

– 76 –

Tournant le dos à l'épaulement, les premiers servans embarrent sous le devant des roues, les deuxièmes servans dans les rais, près de la jante et perpendiculairement aux flasques.

Le pointeur, s'approche de l'auget, fait glisser le coussinet en arrière (1) et lorsqu'il voit que les servans sont en position d'agir, il commande : FERME. Tous font effort et amènent la bouche à 18 pouces de l'épaulement.

Les premiers servans abandonnant leurs leviers de la main voisine de l'é-paulement, saisissent les coins d'arrêt, calent les roues et reprennent leur première position.

Les deuxièmes servans, cessant d'agir, restent embarrés.

2° CHARGEZ.

Comme aux pièces de siége. Les premiers servans montent sur le chassis pour manœuvrer l'écouvillon, et le pointeur sur le coussinet pour disposer la volée et boucher la lumière.

3° ÉCOUVILLONNEZ.

Comme aux pièces de siége.

4° REFOULEZ.

Comme aux pièces de siége. Le pointeur descend et se place à gauche de l'auget.

----

(1) Il existe maintenant des affuts de place du nouveau modèle qui n'ont point de coussinet. Ils se composent d'un grand et d'un petit chassis attachés l'un à l'autre par une cheville ouvrière, et le grand chassis circule, à l'aide de deux roulettes en fer coulé, sur un quart de cercle, composé de trois madriers. La manœuvre de ces nouveaux affuts n'est point encore écrite, cependant elle devra offrir peu de différence avec l'ancienne. Le pointeur ne monte sur le levier-directeur pour disposer la pièce que lorsqu'elle est hors de batterie. Les premiers servans ne calent point les roues, et la manière d'embarrer avant et après la charge est la même qu'aux pièces de siége,

5° EN BATTERIE.

Comme aux pièces de siège, en supprimant tout ce qui concerne les troisièmes servans, et en ajoutant que le pointeur pousse le coussinet derrière la roulette, dès que la pièce est en batterie.

6° POINTEZ,

Les quatre servans débarrent et embarrent de nouveau, les premiers sou le premier renfort, les deuxièmes sous l'auget, contre la dernière entretoise du chassis.

Le pointeur monte sur le coussinet, et lorsqu'il a pointé, descend et fait glisser le coussinet en arrière pour qu'il ne soit pas atteint par le recul de la pièce.

Le reste, comme aux pièces de siége.

7° HAUT LE BRAS.

Comme aux pièces de siége.

8° FEU,

Comme aux pièce dè siége.

Après la manœuvre, le capitaine ou le chef de pièce, commande :

1° EN BATTERIE.

Comme aux pièces de siége.

2° LA PIÈCE HORS D'EAU.

Comme aux pièces de siége.

3° DÉSÉQUIPEZ-VOUS.

Comme aux pièces de siege.

OBSERVATION. — Dans la manœuvre des pièces de siége et de place, pour faire changer de postes, on emploie les règles indiquées au N° 30 de la première partie, et pour sortir de batterie, celles prescrites au N° 35.

§ IV. SERVICE DES PIÈCES DE CÔTE.

L'affut d'une pièce de côte, en batterie, est monté sur un *grand chassis* qui s'appuie par devant sur un *petit chassis*, auquel il est réuni par une *cheville, ouvrière.* Il se meut sur deux *roulettes* placées en arrière et au moyen d'un levier fixé au milieu de l'entretoise de derrière. Ce levier se nomme *levier directeur.*

L'affut de côte est composé de *deux flasques* semblables à ceux de l'affut de place, (1) mais élevés sur deux pièces-de-bois, nommées *échantignolles*; il porte sur le chassis au moyen de deux *rouleaux*, l'un placé en avant, nommé *gros rouleau*, l'autre en arrière, nommé *petit rouleau*. Le gros rouleau est percé de *mortaises* dans lesquelles on embarre dans la manœuvre.

Il faut pour une pièce de côte cinq canonniers, savoir : deux premiers servans, deux deuxièmes servans et un pointeur.

Les armemens sont les mêmes qu'à la pièce de siége, seulement il n'y a que deux leviers destinés aux premiers servans et posés sur les rouleaux. On substitue aux masses un seul coin d'arrêt placé à gauche.

Au commandement ÉQUIPEZ-VOUS, le pointeur s'équipe comme aux pièces de siége et reprend son poste.

Les premiers servans prennent les leviers sur les rouleaux et les tiennent de bout, chacun de la main opposée à l'épaulement, les bras pendant naturellement.

Les deuxièmes servans ne bougent. La manœuvre s'exécute ensuite aux commandemens suivans :

1° HORS DE BATTERIE.

Les premiers servans, élevant leurs leviers de la main opposée à l'épaulement et les saisissant de l'autre à 6 pouces du gros bout, embarrent de ces

---

(1) Les affuts de place du nouveau modèle servent maintenant aux pièces de côte, c'est par conséquent la même manœuvre pour les deux espèces de bouches à feu. Seulement, le quart de cercle qui n'a que trois madriers aux pièces de place, en a cinq aux pièces de côte.

6 pouces dans les mortaises du rouleau, et reportent leurs mains vers le petit bout de toute la longueur du bras.

Les deuxièmes servans viennent à leur secours, placent les mains au bout des leviers, les ongles en dessous, et tous, restant face à la pièce, agissent ensemble au commandement FERME du pointeur et abattent le petit bout de leurs leviers jusqu'à 12 pouces de terre.

Le premier servant de droite débarre et embarre aussitôt dans la mortaise supérieure; son deuxième servant l'aide à abattre, ils retiennent à leur tour; les servans de gauche débarrent et embarrent de la même manière, et tous quatre continuent jusqu'à ce que la bouche soit à 18 pouces de l'épaulement.

Le premier servant de gauche débarre alors, prend le coin d'arrêt, cale le gros rouleau, celui de droite débarre aussi, et tous reprennent leurs postes.

2° CHARGEZ.

Les premiers servans passent leurs leviers aux deuxièmes, et comme aux pièces de siége, le premier servant de droite va prendre l'écouvillon, le pose sur l'épaulement, et celui de gauche se porte à la bouche de la pièce.

Le pointeur monte sur le chassis pour disposer convenablement la vis de pointage ou les coins de mire.

Les deuxièmes servans, armés des leviers des premiers, embarrent sous le premier renfort, face à l'épaulement et soulèvent la culasse; au signal du pointeur, ils débarrent et posent les leviers sur les rouleaux, celui de droite rentre à son poste, celui de gauche va chercher la poudre.

Le pointeur bouché la lumière et les premiers servans enfoncent l'écouvillon.

3° ÉCOUVILLONNEZ.

Comme aux pièces de siége.

— 80 —

4° REFOULEZ.

Comme aux pièces de siége, le pointeur descend et se place à gauche du chassis.

5° EN BATTERIE.

Les premiers servans embarrent comme au premier commandement; celui de gauche ôte le coin d'arrêt, et tous deux, au commandement FERME du pointeur, débarrent et embarrent tour-à-tour jusqu'à ce que la pièce soit en batterie.

6° POINTEZ.

Les premiers servans embarrent sous le premier renfort. Les deuxièmes servans se portent au levier-directeur et le saisissent des deux mains, les ongles en dessous, et placées alternativement, la main droite du servant de gauche tenant le bout du levier.

Le pointeur monte sur le chassis, dirige et pointe la pièce.

Le reste comme aux pièces de siége en supprimant ce qui concerne les troisièmes servans et les leviers des deuxièmes.

7° HAUT LE BRAS.

Comme aux pièces de siége.

8° FEU.

Comme aux pièces de siége. Après l'explosion, le premier servant de gauche cale le gros rouleau.

Après la manœuvre, les commandemens EN BATTERIE et HORS D'EAU s'exécutent comme aux pièces de siége, les deux leviers se posent sur les rouleaux.

OBSERVATION. — Dans les cas d'urgence et lorsqu'il s'agit de tirer sur un objet mobile, on simplifie cette manœuvre en supprimant les commandemens HAUT LE BRAS et FEU. La manœuvre s'exécute alors ainsi :

6° POINTEZ.

Les premiers servans débarrent; celui de gauche embarre sous le premier renfort, celui de droite pose son levier de bout contre l'épaulement, se porte au levier-conducteur ainsi que le deuxième de gauche, et se place, par rapport à ce dernier, comme il est dit plus haut pour le deuxième de droite. (6e commandement).

Le deuxième de droite saisit le boute-feu et se place comme il est dit ci-dessus.

Le pointeur monte sur le chassis, dégorge, amorce, pointe et sautant en bas du chassis, commande FEU.

Le premier servant de gauche, débarre aussitôt, rentre à son poste, prend le coin d'arrêt et se tient prêt à caler.

Le premier servant de droite et le deuxième de gauche abandonnent le levier conducteur.

Le deuxième de droite met le feu. Après l'explosion, le premier de gauche cale le gros rouleau, le deuxième de droite replace le boute-feu et tous rentrent à leurs postes; le premier servant de droite reprend son levier.

TITRE II.

SERVICE DE L'OBUSIER DE 8 POUCES, DIT DE SIÉGE.

§ 1. NOTIONS PRÉLIMINAIRES.

Si l'obusier de 6 pouces une ligne 6 points qui appartenait autrefois, par ses manœuvres, à l'espèce des bouches à feu de bataille, s'en est encore rapproché par sa nouvelle forme; l'obusier de 8 pouces 3 lignes a conservé au contraire tous ses rapports avec les bouches à feu de siége et de place, et principalement avec les mortiers de 12, de 10 et de 8 pouces, à cette seule différence que l'obusier est monté sur un affut en bois et à ses tourillons, comme les canons, un peu au-dessus de son centre de gravité, tandis que les mortiers les ont à l'extrémité de leur culasse, et sont montés sur des affuts dont les flasques sont en fer coulé. De plus, la semelle de l'obusier est mobile pour que l'on puisse pointer à 45 degrés.

L'obusier de 8 pouces, comme les mortiers, sert dans les siéges; il est aussi d'une grande utilité pour la défense des places. Son ame est terminée par une chambre cylindrique qui contient, charge pleine, 28 onces de poudre; cette charge porte l'obus à 1600 toises.

L'obus est un globe de fer creux, sans ansés, qui a deux lignes de moins que le diamètre de l'obusier pour le vent, et que l'on charge d'une livre de poudre. Son œil est bouché par une fusée de bois de tilleul ou de saule, remplie d'une certaine composition, et qui excède l'obus de 5 lignes. Cette fusée, quoique opposée à la chambre de l'obusier, s'enflamme par l'explosion de la charge, et produit l'explosion de l'obus 18 à 20 secondes après sa sortie de l'obusier.

La meilleur manière de tirer les obus, est de pointer sous l'angle de la plus grande amplitude qui, dans la pratique, approche beaucoup de 45 degrés, cependant il est un peu au-dessous et paraît être de 43 degrés environ. On pointe encore souvent à 50 degrés. (1)

---

(1) Le tir de l'obusier de bataille est soumis à d'autres règles, on le charge à 17 onces de poudre, cette charge, sous l'angle de la plus grande amplitude, porte l'obus à 1190 toises, mais on le pointe ordinairement à 6, 10 et 15 degrés pour avoir des ricochets; sous ces différens angles, l'obus s'étend, en rase campagne jusqu'à 4 à 500 toises et produit à-la-fois l'effet de la bombe et du boulet. On peut aussi charger l'obusier de bataille avec des cartouches à balles. La charge doit être alors de 22 onces de poudre. Elle est d'un grand effet à 200 toises.

§ II. SERVICE DE L'OBUSIER DE SIÉGE.

Pour le service d'un obusier de 8 pouces, il faut cinq canonniers, savoir : deux premiers servans, deux deuxièmes servans et un pointeur. Le peloton se forme et se conduit à la batterie de la même manière qu'aux pièces de siège et de place. Les armemens sont aussi les mêmes, on doit seulement retrancher les masses (1), le gargoussier et les leviers des troisièmes, et ajouter : 1º un sac à charges suspendu au bouton de culasse, et renfermant une paire de manchettes; 2º une curette, un sac à terre, une spatule, un quart de cercle, un fil-à-plomb et des éclisses, le tout renfermé dans un panier placé contre l'épaulement, à un pas derrière le premier servant de gauche; 3º enfin des obus coiffées de leurs fusées, placées en arrière de la batterie.

Au commandement, ÉQUIPEZ-VOUS, les canonniers prennent les armemens comme aux pièces de siége et de place. En outre, le deuxième servant de gauche s'équipe du sac à charge, et passe les manchettes au premier servant de gauche en l'aidant à se les attacher.

La manœuvre a lieu ensuite aux commandemens suivans :

1º HORS DE BATTERIE.

Le pointeur se porte à deux pas à droite de sa position dans la direction de l'affut.

Les premiers servans, tournant le dos à l'épaulement, embarrent dans les rais vers le cintre de mire, les deuxièmes sous les crosses. Quand ils sont en position d'agir, le pointeur commande : FERME. Aussitôt les deuxièmes servans soulèvent les crosses, les premiers servans font effort jusqu'à ce que le devant

____

(1) On peut conserver les masses pour les réparations de la plate-forme et du revêtement, mais elles sont inutiles dans la manœuvre.

des roues soit à trois pieds de l'épaulement, et tous reprennent leurs postes.

2° CHARGEZ.

Les premiers servans posent leurs leviers contre l'épaulement, celui de droite va prendre l'écouvillon de la main droite et le pose dans l'ambrâsure, celui de gauche prend la curette et le sac à terre.

Le deuxième servant de droite embarre entre la culasse et le renfort.

Le pointeur se porte à la culasse et dispose l'obusier, à l'aide du deuxième servant de droite qui soulève la culasse pour faciliter le mouvement de la vis de pointage. Le pointeur fait un signal des deux mains auquel le deuxième servant de droite débarre et reprend son poste. Le pointeur bouche aussitôt la lumière de la main gauche en se fendant en arrière de la jambe droite, et se baissant de manière à se couvrir de la culasse.

Le deuxième servant de gauche, posant son levier de bout contre l'épaulement, se porte à la queue de la plate-forme. Au signal du chef de pièce, il va chercher au dépôt des munitions, un sachet qu'il met dans le sac à charges et un obus qu'il porte dans les deux mains, et revient, face à l'obusier, à 18 pouces en arrière du premier servant de gauche, pose l'obus sur le heurtoir, et prend le sachet dans la main droite.

3° ÉCOUVILLONNEZ.

Le premier servant de droite reçoit du premier de gauche la curette, ensuite le sac à terre, et les lui rend après avoir nétoyé l'ame et la chambre. Il écouvillonne et retourne l'écouvillon comme à l'obusier de bataille, pour placer le refouloir du côté de la bouche.

Le premier servant de gauche, après avoir remis dans le panier la curette et le sac à terre, reçoit la poudre par la droite et la place dans la chambre, comme à l'obusier de bataille.

4° REFOULEZ.

Le premier servant de droite presse légèrement la poudre avec le refouloir, reporte l'écouvillon sur les chevalets, le refouloir tourné du côté de l'épaulement, et revient à son poste en prenant son levier.

Le deuxième servant de gauche remet l'obus au premier du même côté, lui présente successivement quatre éclisses et la spatule, et revient à son poste en reprenant son levier.

Le premier servant de gauche porte l'obus à la bouche, comme à l'obusier de bataille, place ensuite les éclisses de la main gauche, à égale distance les unes des autres et de manière qu'il y en ait deux qui passent dans le plan vertical du milieu de l'obusier; les assure avec la spatule, dont il se sert de la main gauche, la remet dans le panier, revient à son poste en reprenant son levier.

Le pointeur quitte alors la lumière et se porte en arrière des crosses.

5° EN BATTERIE.

Les premiers servans, faisant face à l'épaulement, embarrent dans les rais, près de la jante, les deuxièmes servans sous les crosses; au commandement *FERME* du pointeur, ils font effort ensemble pour remettre l'obusier en batterie, le pointeur veille à ce que la bouche arrive au milieu de l'embrâsure.

6° POINTEZ.

Les premiers servans débarrent, celui de gauche reprend son poste, celui de droite embarre entre la culasse et le renfort.

Le reste comme aux pièces de siége.

7° HAUT LE BRAS.

Le deuxième servant de droite frappe le boute-feu sur son bras gauche, et le porte, le bras tendu, les ongles en dessus, à trois pouces de l'étoupille; les premiers servans se fendent du pied opposé à l'épaulement et parallèlement à la pièce.

8° FEU.

Comme aux pièces de siége, excepté que les premiers servans ne calent pas les roues.

Pour faire cesser la manœuvre, on emploie les mêmes commandemens qu'aux pièces de siége; le deuxième servant de gauche remet les manchettes du premier dans le sac à charges, qu'il suspend au bouton de culasse.

———

TITRE III.

SERVICE DES MORTIERS.

§ I. NOTIONS PRÉLIMINAIRES.

Un mortier est une bouche à feu qui a ses tourillons à sa base (1), et que l'on pose sur sa culasse pour le charger. Son ame offre à-peu-près en longueur une fois et demie son diamètre.

Il y a trois espèces de mortiers que l'on désigne par le calibre de leurs bombes, savoir : les mortiers de 12 pouces, les mortiers de 10 pouces une ligne 6 points, et les mortiers de 8 pouces 3 lignes.

La charge, à chambre pleine, est la même pour les mortiers de 12 et de 10 pouces, c'est-à-dire de 3 livres 3 quarts de poudre; elle est d'une livre et demie pour le mortier de 8 pouces.

---

(1) Les mortiers à la Gomer ont leurs tourillons vers le tiers inférieur de leur longueur et leur chambre est conique.

Dans la chambre du mortier de 10 pouces, pour les grandes portées, on peut mettre 7 livres de poudre.

Avec ces charges, la plus grande amplitude des bombes pour le mortier de 12 pouces est de 1200 toises; pour le mortier de 10 pouces, aux grandes portées, elle est de 1400 toises, et aux portées moyennes, de 1100 toises; pour le mortier de 8 pouces, elle est de 580 toises.

La bombe, comme l'obus, est un globe de fer creux, mais garni de deux anses au milieu desquelles se trouve l'*œil*, que l'on bouche aussi par une fusée qui produit l'explosion de la bombe 65 à 70 secondes après sa sortie du mortier.

La bombe de 12 pouces a 4 lignes pour le vent, elle pèse 150 livres, on la charge de 5 livres de poudre, elle a 16 lignes d'épaisseur.

La bombe de 10 pouces a une ligne 5 points pour le vent, elle pèse 100 livres, sa charge est de 3 livres de poudre, elle a 18 lignes d'épaisseur.

La bombe de 8 pouces n'a qu'une ligne pour le vent, elle pèse 40 livres, on la charge d'une livre et demie de poudre, son épaisseur est de 10 lignes.

L'angle sous lequel on pointe les mortiers n'a pas de mesure fixe, il dépend des positions et de l'effet que l'on veut produire; mais la plus grande amplitude ne peut s'obtenir que sous un angle un peu moins de 45 degrès.

§ II. SERVICE DES MORTIERS DE 12 ET DE 10 POUCES.

Pour le service des mortiers de ces deux calibres, il faut cinq canonniers, savoir : deux premiers servans, deux deuxièmes servans et un pointeur.

Les pelotons se forment et se dirigent vers la batterie de la même manière qu'aux pièces de siége et de place.

Les canonniers sont placés à 18 pouces en dehors de la tête des boulons, les premiers servans vis-à-vis les boulons de la tête; les deuxièmes servans

6

vis-à-vis les boulons de la queue., et le pointeur à trois pieds du deuxième servant de gauche.

Les armemens sont les mêmes que ceux de l'obusier de siége, il faut y ajouter, 1° un double crochet; 2° deux fiches en fer; 3° une seconde paire de manchettes; 4° un tampon; 5° et des bombes au lieu d'obus.

Au commandement ÉQUIPEZ-VOUS, les canonniers prennent les armemens de la manière suivante :

Le pointeur se porte au sac à charges et s'en équipe; il y prend les manchettes, le dégorgeoir et le sac à étoupilles dont il s'équipe également, et met le fil-à-plomb dans le sac à étoupilles,

Le premier servant de gauche remet à celui de droite les manchettes placées dans le panier et l'aide à se les attacher,

Le pointeur enlève le tampon, le porte à gauche de l'épaulement, revient et monte sur l'affut. Le deuxième servant de gauche va prendre le double crochet et le pose derrière lui.

Le premier servant de gauche prend les fiches, monte sur l'épaulement et les plante dans la direction du centre de la plate-forme et de l'objet à abattre, le pointeur dirigeant leur placement. (1.) Ils rentrent ensuite tous deux à leurs

---

(1) Le premier servant de gauche prend la fiche la plus courte, et la tenant suspendue entre le pouce et le premier doigt de la main droite, le bras à moitié déployé, en laisse tomber la pointe sur la crète intérieure de l'épaulement. Le pointeur en dirige le placement à l'aide du fil-à-plomb qu'il tient de la main droite, vis-à-vis l'œil droit, et qu'il place dans la direction du milieu de la plate-forme et de l'objet à abattre. Dans cette position, il fixe le fil par un anneau qu'il forme avec le pouce et le premier doigt de la main gauche ; dès que la fiche est placée de manière à se confondre dans toute sa longueur, avec le fil-à-plomb, visant ensuite sur la fiche posée et sur le but, il fait placer la deuxième fiche de manière à ce qu'elle se confonde avec la première,

postes, les quatre servans prennent leurs leviers et les tiennent comme aux pièces de siége.

OBSERVATION. — Si le mortier, au lieu de reposer sur le coussinet, était renversé, la manière de prendre les armemens serait ainsi modifiée :

Le pointeur, après avoir posé le tampon, revient à hauteur et à gauche de la bouche, et, le dos tourné à l'épaulement, saisit le haut du mortier avec les deux mains, en se fendant de la jambe gauche.

Le premier servant de droite, prenant un levier par le petit bout, le passe en travers sous la volée, les trois autres servans se portent à ce levier, les deuxièmes en dehors, et tous quatre faisant face à l'épaulement.

Le pointeur commande : FERME. Tous faisant effort, dressent le mortier.

Le pointeur, par un demi-tour à gauche sur la pointe du pied droit, fait face à l'épaulement, porte le pied droit en arrière, et saisit de nouveau le mortier des deux mains.

En même tems, le premier servant de droite, retirant son levier, va le porter en travers du côté opposé, les autres servans s'y portent dans le même ordre, et, comme lui le dos tourné à l'épaulement.

Le pointeur pousse alors le mortier, les servans le retiennent doucement avec le levier, et le mortier descend lentement sur le coussinet.

Le premier servant de droite et les deuxièmes servans reviennent à leurs postes. Le deuxième de gauche va chercher le double crochet qu'il pose derrière lui, le premier servant de gauche prend les fiches et les pose comme il est dit ci-dessus.

La manœuvre du mortier s'exécute ensuite aux commandemens suivans :

1° EN BATTERIE.

Les premiers servans embarrent sous les boulons ue la tête d'affut, les deuxièmes sous les boulons de la queue. Tous quatre agissent ensemble au commandement FERME du pointeur qui, placé derrière la queue de l'affut, veille à ce que le mortier arrive au milieu de la plate forme ; dès que le mortier est en position, il fait un signal des deux mains, auquel les servans débarrent et reprennent, ainsi que lui, leurs postes.

2° CHARGEZ.

Les premiers servans posent leurs leviers sur les boulons. Celui de gauche prend la curette et le sac à terre, les remet à celui de droite, à mesure qu'il en a besoin pour nettoyer le mortier, et les reporte ensuite dans le panier.

Le premier servant de droite va prendre l'écouvillon et revient à la bouche du mortier.

Le pointeur, tournant le dos à l'épaulement, se porte à la queue de la plate-forme.

Le deuxième servant de gauche tient son levier dans la main gauche, le petit bout en avant, prend le double crochet de la main droite et vient se placer derrière le pointeur. Au signal du chef de pièce, tout deux se portent au dépot des munitions, le deuxième servant de gauche passe un des crochets de l'S dans une des anses de la bombe, engage son levier dans l'autre crochet et faisant demi-tour, saisit le petit bout de son levier de la main droite, tournant la pince vers l'épaulement.

Le pointeur, après avoir reçu la poudre qu'il place dans le sac à charges, vient saisir la pince du levier de la main droite.

3° ÉCOUVILLONNEZ.

Le premier servant de droite écouvillonne, retourne l'écouvillon pour amener le refouloir devant la bouche et rentre à son poste en le tenant dans les deux mains.

Le pointeur et le deuxième servant de gauche portent la bombe par la gauche du mortier et la posent devant la bouche. Le deuxième servant de gauche continue à tenir le levier; le pointeur l'abandonne, s'établit face à la bouche, prend le sachet dans le sac à charges, le place dans la chambre avec la main droite et fait un pas en arrière.

4° REFOULEZ.

Le premier servant de droite se rapproche du mortier et presse légèrement la poudre avec le refouloir; il reporte ensuite l'écouvillon sur les chevalets, et revient de suite saisir le gros bout du levier qui porte la bombe.

Le deuxième servant de droite, posant son levier sur les boulons, vient au secours du premier servant de droite, et tous deux, agissant avec le deuxième servant de gauche, soulèvent la bombe.

Le premier servant de gauche prend le sac à terre, essuie la bombe et le remet dans le panier : se portant ensuite au levier, il aide les trois servans à présenter la bombe à la bouche et à la descendre doucement dans le mortier, le pointeur la dirige et la dispose de manière que l'œil se trouve au milieu de l'âme, et que les anses soient dans la direction des tourillons.

Le pointeur reçoit du premier servant de gauche quatre éclisses et la spatule, (1) il place les éclisses comme à l'obusier de siége, les affermit avec le manche de la spatule et la rend ensuite au premier servant de gauche qui la remet dans le panier. Tous deux reprennent ensuite leurs postes. Le premier servant de gauche balaie aussitôt la plate-forme, le deuxième

---

(1) Aux mortiers à la Gomer, la chambre étant conique, l'emploi des éclises est supprimé.

servant de gauche pose le double crochet derrière lui, et tous reprennent leurs leviers.

5° POINTEZ.

Tournant le dos à l'épaulement, les premiers servans embarrent aux entailles de la tête d'affut, les deuxièmes servans aux entailles de la queue.

Le pointeur se porte derrière le mortier et le dirige à l'aide du fil-à-plomb. (1) La direction étant donnée, il passe par dessus les leviers des servans de gauche et va prendre le quart de cercle.

Les deuxièmes servans débarrent et reprennent leurs postes.

Les premiers servans embarrent sous le renfort.

Le pointeur applique le quart de cercle sur la bouche et donne les degrés, les premiers servans soulevant le mortier pour faciliter le mouvement du coin de mire. Le pointeur remet le quart de cercle et se porte à la lumière, dégorge de la main droite, en se fendant en arrière du pied droit ; place l'étoupille de la main gauche, et fait ensuite un signal auquel les premiers servans débarrent.

Le premier servant de gauche prend aussitôt le sac à terre et le place sur l'étoupille.

Au signal du pointeur, le deuxième servant de droite, posant son levier sur les chevalets, le gros bout du coté de la brosse de l'écouvillon, saisit

---

(1) Il tient le fil-à-plomb de la main droite, vis-à-vis l'œil droit, en sorte qu'il se confonde avec les fiches, puis portant l'œil sur la lumière et sur le point le plus élevé de la bouche, à défaut de cran de mire, il fait rendre le mortier à droite ou à gauche, jusqu'à ce que ces deux points se confondent avec le fil-à-plomb et les fiches. Si le quart de cercle est construit de manière à pouvoir donner les degrés et diriger à la fois, le pointeur se porte de suite derrière l'affut et ne reporte le quart de cercle qu'après avoir dirigé.

le boute-feu de la main droite, l'appuie sur le bras gauche et fait un demi à gauche.

Les premiers servans et le deuxième de gauche se portent à trois pas en arrière de la plate-forme, et font face à l'épaulement, le deuxième servant de gauche entre les deux premiers et tous trois conservent leurs leviers qu'ils tiennent de bout devant eux.

Le pointeur se porte à la droite ou à la gauche de la batterie, selon le vent, pour observer la chûte de la bombe.

6° HAUT LE BRAS.

Le deuxième servant de droite abandonne le boute-feu de la main droite à la main gauche, se fend de la jambe droite, enlève le sac à terre et le jette à gauche du mortier, se relevant ensuite sur la jambe gauche, il reprend le boute-feu de la main droite, le frappe sur le bras gauche, se fend autant que possible en arrière, tend le jarret gauche, plie le droit, se baisse et portant le corps en avant, présente le boute-feu à trois pouces de l'étoupille, le bras droit tendu, les ongles en dessus, la main gauche à plat sur la cuisse.

7° FEU.

Le deuxième servant de droite touche du boute-feu la cravatte de l'étoupille et le retire vivement dès qu'elle a pris feu; après l'explosion, il se relève en assemblant du pied gauche, reporte le boute-feu à sa place, reprend son levier et rentre à son poste ainsi que le pointeur et les autres servans. Dans ce mouvement, le premier servant de gauche ramasse le sac à terre et le reporte dans le panier.

Pour faire cesser la manœuvre, le chef de batterie commande :

1° EN BATTERIE

Comme au premier commandement.

2° DÉSÉQUIPEZ-VOUS.

Les servans posent leurs leviers sur les boulons, à l'exception du premier de droite qui garde le sien, tous se placent comme au commandement ÉQUIPEZ-VOUS, agissent d'une manière inverse pour dresser le mortier, le renversent sur l'entretoise de derrière, le premier servant de droite pose son levier sur les boulons, et tous reprennent leurs postes.

Le pointeur va chercher le tampon et le place sur la bouche du mortier; il suspend au bouton du tampon le sac à charges, dans lequel il remet les manchettes, le sac à étoupilles, le dégorgeoir et le fil-à-plomb.

Le premier servant de droite remet les manchettes dans le panier.

Le premier servant de gauche monte sur l'épaulement, enlève les fiches et les remet dans le panier.

Le deuxième servant de gauche porte le double crochet au pied de l'épaulement.

§ 11. SERVICE D'UN MORTIER DE 8 POUCES.

Il suffit, pour le service d'un mortier de 8 pouces, de deux servans et d'un pointeur.

Les armemens sont les mêmes que pour le mortier de 12 pouces, en supprimant deux leviers et le double crochet.

Les servans sont placés à 18 pouces et vis-à-vis des boulons de la tête d'affut, et le pointeur, à gauche, à hauteur du boulon de la queue, sur l'alignement du servant de gauche.

Au commandement ÉQUIPEZ-VOUS. Le pointeur et les servans s'équipent et placent les fiches comme au mortier de 12 pouces, les servans prennent et tiennent leurs leviers de la même manière. Si le mortier est renversé sur l'entretoise de derrière, le pointeur, se place à hauteur des tourillons face au mortier, saisit l'anse de la main droite et la bouche de la main gauche ; les servans, tournant le dos à l'épaulement, saisissent la bouche avec les deux mains, et tous trois, faisant effort, d'abord pour dresser le mortier, ensuite pour le retenir, le font descendre sur le coussinet.

1° EN BATTERIE.

Comme au mortier de 12 pouces, en supprimant tout ce qui concerne les deuxièmes servans.

2° CHARGEZ.

Les servans nettoient le mortier comme celui de 12 pouces.

Le pointeur, se portant seul au dépôt des munitions, y prend un sachet qu'il met dans le sac à charges, et une bombe qu'il porte des deux mains.

3° ÉCOUVILLONNEZ.

Le servant de droite écouvillonne. Le pointeur porte la bombe par la gauche du mortier, la pose devant la bouche, et s'établissant face au mortier, prend le sachet dans le sac à charges, le place dans la chambre et fait un pas en arrière.

4° REFOULEZ.

Le servant de droite presse légèrement la poudre et rentre à son poste. Soulevant d'abord la bombe pour qu'elle soit essuyée par le servant de gauche, le pointeur l'introduit dans le mortier et l'y fixe avec quatre éclisses qu'il reçoit du même servant. Tous deux rentrent ensuite à leurs postes, le servant de gauche balaie la plate-forme, et reprend son levier.

5° POINTEZ.

Les servans embarrent successivement aux entailles de la tête et de la queue de l'affut, pendant que le pointeur dirige le mortier; et sous le renfort, lorsqu'il donne l'inclinaison.

Au signal du pointeur, les servans débarrent; et dès qu'il a dégorgé et amorcé comme au mortier de 12 pouces, le servant de gauche couvre l'étoupille. Celui de droite, posant son levier sur les chevalets, prend le boutefeu, se porte à hauteur de la lumière et fait un demi à gauche.

Le servant de gauche se retire en arrière de la plate-forme et le pointeur va observer le coup.

6° HAUT LE BRAS.

Comme au mortier de 12 pouces.

7° FEU.

Comme au mortier de 12 ponces, Il en est de même pour les commandemens *en batterie* et *déséquipez-vous*, en ce qui concerne les premiers servans et le pointeur.

§ III. SERVICE DU PIERRIER.

Le service du pierrier ne diffère de celui du mortier de 8 pouces que par les modifications suivantes :

Le pierrier étant nétoyé, et lorsque le servant de droite va prendre l'écouvillon, le servant de gauche accompagne le pointeur au dépôt des munitions, et l'aide à porter le panier de pierres et le plateau de bois.

Arrivés à la bouche, le pointeur place la poudre et le plateau qui doit la séparer du panier.

Les deux servans enlèvent le panier et le pointeur en dirige le placement dans le pierrier.

§ IV. SERVICE D'UNE BATTERIE.

Lorsque plusieurs bouches à feu de siége et de place sont manœuvrées sous un même commandement, le chef de batterie, lorsque le détachement est arrivé sur la ligne de bataille et que les pelotons de pièce ont fait front à leurs pièces respectives, commande :

1. *Division, demi-tour à droite.*
2. *Présentez, armes.*
3. *Les armes en faisseaux.*

Au 3ᵉ commandement. Les canonniers se portent en avant de la batterie, forment les faisseaux sur la ligne indiquée, reprennent ensuite, sans commandement, la position qu'ils avaient avant le demi-tour, et entrent en batterie comme il est dit à la manœuvre des pièces de siége. Toutefois on ne forme les faisseaux que dans les batteries d'école. Dans celles de siége, les armes se posent contre l'épaulement, à droite et à gauche de la pièce, suivant la position des canonniers aux pièces.

Le chef de la batterie veille 1° à ce que les officiers et sous-officiers remplissent exactement les fonctions de surveillance qui leur sont confiées, pour l'exécution des commandemens; 2° à ce que les chefs de pièces accompagnent les pointeurs pour observer les coups afin de rectifier le pointage; 3° à ce que les servans exécutent leurs mouvemens en silence, avec ensemble, ordre et précision, ne traînent pas leurs leviers sur les plate-formes et gardent une immobilité parfaite après l'exécution des commandemens; 4° enfin, à ce que les canons soient écouvillonnés à fond et les obusiers et mortiers nétoyés avec soin.

A la fin du commandement CHARGEZ, le signal auquel les pourvoyeurs se portent au dépôt des munitions est fait par le deuxième servant de gauche de la pièce de gauche pour les canons et obusiers, et par le pointeur de la même pièce dans les batteries des mortiers.

Tous les commandemens, jusqu'à celui POINTEZ inclusivement, sont communs à toutes les bouches à feu de la batterie; mais ceux HAUT LE BRAS et FEU sont faits successivement, en désignant chaque pièce par son numéro, commençant par la droite, si le vent vient de gauche, et par la gauche s'il vient de droite, toute fois, le deuxième servant de chaque pièce met toujours le feu sans quitter son poste.

Lorsque le commandant de la batterie veut observer lui-même les coups, il en prévient les chefs de sections, afin que la batterie ne reste pas sans surveillant.

Lorsque les canonniers sont instruits à servir les bouches à feu par les commandemens qui en divisent l'exécution, le commandant de la batterie leur fait faire la *manœuvre à volonté.* et commande :

1. CHARGEZ
2. HAUT LE BRAS.
3. FEU.

Au 1.er commandement. Les canonniers exécutent de suite et sans interruption, les divers mouvemens compris dans les cinq premiers commandemens de la manœuvre. Les deux autres commandemens s'exécutent comme ils sont prescrits.

Arras. — G. SOUQUET, imprimeur du Propagateur.

CHARTE